마흔살

°마흔 살 습관이 나를 살렸다

습관수업

마흔살

°마흔 살 습관이 나를 살렸다

습관수업

사사키 쓰네오 지음
/왕언경 옮김

알투스

° 저자의 말

마흔이 되면 십 년이 일 년처럼 빠르게 지나간다
후회 없는 40대를 위해 '마흔 살 습관'을 미리 다져라

나는 40대를 정말 바쁘게 보냈다. 대기업에 근무하면서 누구보다 빨리 과장으로 승진했고 관리자가 되었다. 2~3년마다 부서가 바뀌어 새롭고 다양한 업무를 맡게 되었다. 새로운 부서에 임명될 때마다 '앞으로 3년 안에 무엇을 달성할 것인가' 하는 나만의 미션을 스스로 정했다. 그리고 정해진 기한까지 목표를 달성하기 위해 전력 질주했다. 그래서인지 당시에는 항상 무언가에 쫓기는 느낌으로 살았다. 10년이라는 시간은 어찌 보면 꽤 긴 세월이지만, 40대의 10년은 특히나 빠르게 흘러갔다.

젊은 시절부터 나는 빨리 관리자가 되고 싶었다. 상사의 업무 방식이나 사고에 불만을 품은 적이 많았다. 상사가 불필요한 작업을 지시하고 회의를 자주 해서 남은 업무를 마무리하느라 밤늦게까지 야근을 해야 했다. 당시 대부분의 상사는 팀원들의 장시간 노동을 당연시했고, 팀원들은 팀장의 지시를 따르는 게 일반적이었다. 나는 늘 억울한 마음이 있었지만 견딜 수밖에 없었다. 그 대신 '내가 팀장이 되면 업무 방식을 모두 바꾸어야지'라고 다짐했다.

나는 팀원일 때부터 팀장이 된 후를 준비했다. 그것은 코앞에 닥친 일에 쫓기지 않으며 여유 있고 차분하게 미래를 내다보기 위한 준비였다. 나만의 팀장 노트에 불필요한 업무는 무엇인지 꼼꼼히 적어두고 효율을 높이는 방법을 고민해 왔다. 팀장이 되자마자 나는 기다렸다는 듯이 즉각 내 팀의 업무 방식을 전면적으로 새롭게 바꾸었다. 그 결과 우리 부서는 야근 없는 효율적인 업무 방식으로도 높은 성과를 올리는 팀이 되었다.

　40대가 되면서 나는 회사 업무뿐 아니라 나의 생활 습관 전반을 검토하는 시간을 자주 가졌다. 그런 시간이 있었기에 내가 생각하는 행복한 미래를 향해 한발 더 가까이 다가갈 수 있었다. 당장의 일에 쫓기듯 몰두하면서 일상의 군더더기는 그대로 끌어안고 살아가던 동료들은 대부분 사내 경쟁에서 밀려나갔고, 은퇴 후에도 만족스럽지 못한 삶을 살게 되었다. 요즘은 누구나 '워라밸(Work-Life Balance)'을 이야기하지만 당시 경제가 급성장하던 일본의 시대상에서 나의 삶의 방식은 혁명적인 일이었다.

　모든 것은 '습관'에서 시작하고 모든 일의 결과도 '습관'에서 비롯된다. 나는 40대부터 내 인생 전부를 걸고 이 사실을 증명해냈다. 이 책은 나의 인생을 바꾼 습관을 한 권으로 정리한 것이다. 처음에는 한두 가지 습관을 고치는 것에서부터 시작해도 좋으니 일상생활에 꼭 적용해보길 바란다. 나의 좋은 습관들이 점차 주변 환경과 주위 사람들까지 변화시킨다는 것을 깨닫게 될 것이다. 40대는 늦지 않았다. 오히려 출발선이다. 자신을 더 크게 성장시킬 기회는 작은 습관들 속에 있음을 잊지 말자. 이 책이 여러분의 습관을 변화시키고 더 높이 도약할 수 있는 계기가 된다면 더없이 기쁘겠다.

사사키 쓰네오 드림

목차

30대까지는 재능으로 버틸 수 있다.
하지만 40대부터는 좋은 습관을 가진 사람이 이긴다.
40대가 되면 좋은 습관이 뒷받침되지 않은
재능은 얕은 재주에 불과하다.
30대부터 자신의 습관을 점검하고
좋은 습관을 갖기 위해 노력하자.

1장

/

좋은 습관을
기르는 습관

40대가 되면
사람을 움직일 수 있는 사람이 돼라

운명은 그 사람의 성격에 의해 만들어진다.
그리고 성격은 일상생활의 습관에서 만들어진다.
_토머스 데커

'나'에서 '타인'으로
의식의 전환이 필요하다

40대는 사회생활을 시작한 지 약 20년이 지난 시점이자 회사생활도 반환 지점을 막 지나갈 무렵이다. 부단한 노력으로 경험과 기술을 쌓아 자신을 성장시켜온 사람이라면 이 무렵에 한 단계 더 높은 무대로 나설 시기를 맞게 될 것이다.

대부분의 직장인들은 40대에 관리자가 되어 조직 안에서 책임 있는 위치에 서게 된다. 이 시기에 꼭 명심해야 할 것은 그때까지 가지고 있던 사고나 의식을 크게 바꿔야 한다는 점이다. 구체적으로 말하면 '내가 어떻게 성장할 것인가'가 아닌, '타인을 어떻게 움직일 것인가'를 고민해야 한다.

관리자가 된다는 것은 야구에 비유하자면, 선수에서 감독이 되는 것과 같다. 선수에게 필요한 것은 투수나 타자로서의 기술과 능력이지만, 감독에게 기대하는 것은 선수를 움직여 시합에서 이기는 능력이다. 극단적으로 말하면 감독에게 야구에 대한 재능은 없어도 상관이 없다.

물론 비즈니스는 야구와 다르기 때문에 관리자에게도 업무 능력은 필요하다. 하지만 '타인을 움직이고, 조직으로서의 결과물'을 기대한다는 점에서 완진히 같다고 보아도 좋다. 따라서 40대가 되면 실무를 담당하는 선수가 아닌, '사람을 움직이는 힘'이 필요한 관리자로서의 의식을 가져야 한다.

40대야말로 이미테이션에서 '이노베이션'으로 탈바꿈하는 시기

20대나 30대는 우수한 상사나 선배의 업무 방식을 따라하며 업무 담당자로서 자신의 능력을 신장하는 데만 주력하면 된다. 나는 항상 젊은이들에게 '어설픈 이노베이션보다 뛰어난 이미테이션'을 강조했다. 젊을 때는 지식이나 경험이 부족하기 때문에 자신의 독창성에 집착해봤자 결국 헛수고나 실패만 늘어나기 때문이다.

하지만 40대가 되면, 이미 실무 경험이 충분하고 나름대로 업무 수행 방식이나 행동 패턴도 정해진다. 따라서 이후부터는 누군가의 모방이 아닌, 독자적인 것을 창조하거나 새로운 부가가치를 만들어내야만 주위의 기대에 부응할 수 있다. 그래서 나는 40대야말로 이미테이션에서 이노베이션으로 탈바꿈하는 시기라고 생각한다.

하나의 조직을 이끄는 리더로서 혁신을 위한 노력을 게을리하면 나뿐만 아니라 부서도 정체되거나 도태되고 만다. 일상적인 업무에서부터 혁신을 꾀할 만한 부분을 찾아서 변화해야 한다. 대외적으로는 경영 환경이 급변하고 있음을 인식하자. 불확실성에서 기회를 찾아내고 더 큰 성장을 하기 위해서 새로운 방식으로 기획하고 조직도 운영해야 한다.

관리자가 되었다면 지금까지 해오던 일의 연장선이 아닌, 새로운 세계를 맞는다는 생각으로 일해야 한다. 40대는 성숙기임과 동시에 사고의 큰 전환이 필요한 시기라는 것을 기억하자.

° 40대는
'내가 어떻게 성장할 것인가'가 아닌,
'타인을 어떻게 움직일 것인가'를 고민해야 한다.

예전에는 '35세가 되면 모든 것이 결정난다'고 생각했다. 젊을 때 우수한 능력을 갖추면 이후의 성장 각도가 커지기 때문이다. 하지만 지금 돌이켜보면 내가 가장 성장한 시기는 40대였다. 사람은 사고나 의식을 바꾸면 현재의 나이와는 상관없이 변화할 수 있다.

마흔이 넘으면 타인에게서 배우던 시기는 끝났다. 자신만의 혁신적인 업무 성과를 내기 위해 남달리 생각하고 보다 더 적극적으로 일해야 한다. 40대부터는 자신만의 것을 만들어내자! 그리고 20대에서 30대까지는 '나는 어떻게 성장할 것인가'에 골몰해야 하지만, 40대부터는 '타인을 어떻게 움직일 것인가'에 집중해야 한다. 혁신은 결국 사람에게서 시작되기 때문이다.

40대부터는
좋은 습관을 가진 사람이 이긴다

탁월한 사람이라서
올바르게 행동하는 것이 아니라
올바르게 행동하기 때문에
탁월한 사람이 되는 것이다.
_아리스토텔레스

무슨 일이든 습관이 되면
쉽게 반복할 수 있다

40대는 매우 바쁘고 시간도 빨리 흘러간다. 정신없이 시간
이 흘러가는 와중에 관리자로서 타인을 움직이는 힘도 길러
야 한다. 이처럼 많은 업무와 역할을 수행하면서 제한된 시
간 안에 새로운 능력이나 스킬을 익히려면 어떻게 해야 할
까. 그 해답은 단 하나, '좋은 습관'을 갖는 것이다.

'습관'이란 같은 일을 계속 반복하는 것이다. 반복하다보
면 어떤 행동이나 사고를 완벽하게 자신의 것으로 만들 수
있다. 결국 습관이 붙으면 큰 노력이나 어려움 없이도 꾸준
히 할 수 있다. 이것이 습관의 장점이다.

처음에는 힘에 부치거나 감당하기 어려운 일도 많다. 예
를 들면, 나는 건강을 위해 매일 만 오천 보를 걷고 있다. 일

상생활 중에 걷는 것만으로는 부족해서 매일 1시간 정도 꼭 따로 시간을 낸다. 처음에는 상당히 힘들었다. 하지만 매일 꾸준히 하니 지금은 별 어려움 없이 1시간 정도는 걷고 있다.

이처럼 처음에는 힘에 부치는 일도 꾸준히 하다보면 너끈히 할 수 있게 된다. 좋은 습관을 들이면 본래 가지고 있던 재능이나 자질을 넘어 자신을 성장시킬 수 있다.

40대 이후에는 재능 있는 사람보다 좋은 습관을 가진 사람이 이긴다

좋은 습관은 재능도 뛰어넘는다. 이것은 내가 오랜 세월 경험으로 확인한 사실이다. 물론 업무도 마찬가지다. 특히 40대부터는 좋은 습관의 유무에 따라 관리자로서의 능력이 크게 달라진다. 따라서 젊을 때 자신보다 우수하다고 생각했던 경쟁자들이라 하더라도 좋은 습관을 갖고 있다면 머지않아 따라잡을 수 있다.

나의 회사 동기 중에도 도쿄대학교 법학부를 졸업한 인재가 있었다. 삼수해서 대학에 들어간 나 같은 사람보다는 훨씬 머리가 좋을 테니, '저런 동기가 사장이 되겠지' 하고 생각했을 정도였다.

하지만 결과적으로는 내가 먼저 부장이 되었고, 사무직 동기 중에서 가장 빨리 이사에 취임했다. 내가 그 동기 같은 우수한 인재를 따라잡을 수 있었던 이유는 역시 습관에서 차이가 나지 않았을까 생각한다.

그 동기는 자기가 본래 가지고 있던 재능이나 자질로 승부하겠다는 생각이 있었고, '그게 통하지 않으면 어쩔 수 없지' 하며 빨리 포기해버리는 경향도 있었다. 하지만 나는 회사가 기대하는 목표를 달성하는 것이 먼저라는 생각에, 다소 무리를 하더라도 포기하지 않고 그 목표에 다가가기 위한 업무 습관을 익혀왔다. 그런 습관이 쌓이면서 업무와 조직관리 능력도 덩달아 좋아져서 동기의 재능까지 뛰어넘었을 것이다.

30대까지는 재능으로 버틸 수 있다. 하지만 40대부터는 좋은 습관을 가진 사람이 이긴다. 재능이 성공의 중요한 밑거름이라는 점을 부인하지는 않지만, 40대가 되면 좋은 습관이 뒷받침되지 않은 재능은 얕은 재주에 불과하다. 그러므로 30대부터 자신의 습관을 점검하고 좋은 습관을 기르는 데 노력을 기울여야 한다. 40대는 그때부터 다져온 습관으로 본격적인 결실을 봐야 할 시기이다.

° '습관'이란 같은 일을 계속 반복하는 것이다.
반복하다보면 어떤 행동이나 사고를
완벽하게 자신의 것으로 만들 수 있다.

성공이란 '인간성', '재능', '노력'의 바로미터이다. 이 중 한 가지나 두 가지가 있다면 성공할 수 있다. 그러므로 재능이 없더라도 좋은 인간성을 바탕으로 열심히 노력한다면, 훌륭한 상사가 될 수 있으며 조직 내에서 임원으로 올라갈 수 있다.

20대에서 30대까지는 재능이나 소질만으로도 경쟁자를 이길수 있다. 하지만 40대는 '좋은 습관'을 가진 사람이 승리한다. 경영 환경의 변화에 따라 새로운 스킬과 능력을 갖추기 위해 끊임없이 노력하고 배워야 하는데 그러기 위해서는 공부하는 습관을 가져야 한다. 자신의 재능만 믿고 배움을 멈추면 변화에 대처할 수 없다. 그래서 습관은 재능이나 소질을 넘어 자신을 성장시키는 가장 중요한 요소인 것이다.

40대의 습관으로
나머지 인생이 달라진다

인생에서 두 번째 반평생은
첫 번째 반평생에서 생긴
습관으로 구성될 뿐이다.
_표도르 도스토예프스키

회사원의 진짜 승부는
40대부터 시작된다

40대는 좋은 습관을 가진 사람이 성장한다. 이 무렵부터 좋은 습관을 가진 사람과 그렇지 않은 사람의 차이가 한층 더 벌어지고 조직의 출세 경쟁 구도도 달라진다. 그런데 40대에 진짜 승부의 출발선에 서려면 30대부터 좋은 습관을 갖기 위해 노력해야 한다. 40대는 30대부터 쌓아온 경험과 습관이 시너지를 발휘해 본격적인 결실을 맺는 시기이다.

나의 경험을 보더라도 알 수 있듯이, 40대 중반부터 조직의 출세 경쟁에서 많은 사람이 떨어져 나간다. 임원 승진도 과장이나 부장으로서 얼마만큼 실적을 올리고 회사에 공헌했는가에 따라 결정된다.

내가 ㈜도레이에 입사했을 때, 약 100명의 동기가 있었다.

하지만 훗날 본부장 후보로 남은 동기는 20명 정도에 불과했고, 실제로 본부장직에 오른 사람은 나를 포함한 4명뿐이었다. 그중에서 임원대우 이사에 오른 사람 또한 단 2명이었다. 100명이나 되는 동기가 50분의 1로 좁혀진 셈이다. 그리고 최종적으로는 내가 동기 중에서 첫 이사가 되었다.

임원이 되지 못한 동기들과 나는 어떤 점이 달랐을까. 나는 탁월한 재능을 갖고 있지도 않았고 도중에 좌천되기도 했으니 어찌 보면 더 불리한 상황이었다. 하지만 나는 그들보다 더 일찍 습관의 중요성을 깨달았던 것 같다. 후천적 재능 가운데 좋은 습관만큼 탁월한 것은 없음을 일을 해나가면서 몸소 깨쳤다.

40대를 보내는 방법에 따라 대역전도 가능하다

임원이 된 이후, 더 높이 승진할 수 있을지의 여부는 실력이나 실적이 아닌 또 다른 요인에 달려 있다. 아무리 본인의 실력이 우수하더라도 내가 오르고 싶은 자리가 차 있으면 승진할 수 없다. 반대로 갑작스럽게 윗사람이 사임해서 자신에게 기회가 돌아오기도 한다.

따라서 운이나 타이밍에 따라 좌우되는 부분도 있다. 하지만 어느 쪽이든 자리가 났을 때 후보로 이름을 올릴 수 있는 위치에 있어야 한다. 가장 높은 자리를 목표로 한다면, 역시 40대 때의 누적 실적이 결과를 말해줄 것이다.

결국 40대를 보내는 방법에 따라 인생 대역전도 가능하다. 그러기 위해서는 30대 때부터 40대를 어떻게 보낼지 준비해야 한다. 나도 입사 당시에는 주위에 우수한 동기들이 많아서 내가 장래에 임원이 되리라고는 전혀 생각하지 못했다. 그런데 나 자신의 성장을 위해 열심히 업무에 임하다 보니, 어느 틈엔가 내가 동기 중에서 선두를 달리고 있었다.

그럴 수 있었던 것은 바로 '습관'의 힘 때문이었다. 매일의 좋은 행동이 습관이 되면 일과 삶에서 늘 마주치는 유혹도 이겨낼 수 있다. 40대를 '불혹(不惑)'의 나이라 하지만 실제로는 꼭 그렇지도 않다. 하지만 좋은 습관을 갖게 되면 쉽사리 흔들리지 않을 수 있다. 이처럼 어떤 습관을 가졌느냐에 따라 40대 이후의 인생은 크게 달라진다. 그 점을 아는 사람만이 성장할 수 있다.

° 후천적 재능 가운데 좋은 습관만큼 탁월한 것은 없다.
그래서 40대를 보내는 방법에 따라 인생 대역전도 가능하다.

조직의 정점에 오르기 위해서는 타고난 재능 이상으로 중요한 것이 있다. 바로 '성실함'이다. 거짓이 없고, 약속을 잘 지키고, 곤경에 처한 사람을 보면 도와주는 등 인간의 도리와 원리원칙을 지키는 성실한 인물이 아니면 주위의 신뢰를 얻을 수 없고 조직을 이끌어갈 수도 없다.

진짜 승부의 출발선에 당당하게 서기 위해서는 '좋은 습관'이 가장 중요하다. 그것은 출세 경쟁에서 살아남는 필수 스킬이다. 좋은 습관으로 경쟁자들과의 차이를 벌리자. 그렇게 입지를 다져놔야 운이 따라오고 타이밍도 잘 잡을 수 있다. 40대, 길고도 짧은 이 10년을 '어떻게 살 것인가'를 조금이라도 일찍 고민하자.

일관된 말과 행동을 하고 있는지
점검하라

처음에는 우리가 습관을 만들지만
그 다음에는 습관이 우리를 만든다.
_존 드라이든

신뢰가 쌓이면 애쓰지 않고도
상대를 움직일 수 있다

관리자가 되면 '내가 성공할 방법'을 찾기보다는 '타인을 어떻게 움직이게 할 것인가'를 고민해야 한다. 그렇다면 사람을 움직이게 하려면 무엇이 필요할까. 바로 '신뢰'와 '커뮤니케이션'이다. 이 두 바퀴가 없으면, 리더로서 팀에 영향을 주고 팀원들을 인솔하여 좋은 성과를 낼 수 없다.

정중하고 한결같은 커뮤니케이션으로 신뢰를 쌓아나가면 특별히 애쓰지 않아도 상대는 나의 의도대로 움직여준다. 부하직원들이 '저 상사가 하는 말이라면 믿을 수 있어. 그대로 따르자'라고 생각할 것이기 때문이다. 반대로 같은 말인데도 '저 말대로 해도 되는 걸까?' 하는 불안감을 주는 상사도 있다. 이렇게 부하직원이 상사의 말에 따라 쉽게 움직여주지 않는 경우는 서로에 대한 신뢰가 없는 것이 그 원인이다.

타인과 신뢰관계를 맺는 것은 말처럼 쉽지 않다. 게다가 사람은 본래 그리 간단히 움직이지 않는 법이다. 나 역시 부하직원이었을 때, 강제로 장시간 노동을 시키는 상사에게 반감을 품은 적이 있어서 그 점을 잘 이해하고 있다. 당시 상사의 입장에서는 내가 '말을 잘 듣지 않는 부하'였을 것이다. 하지만 나는 상사의 말을 수용하기 어려웠기 때문에 움직이지 않았던 것이다. 그 경험이 토대가 되어, 나는 '관리자에게 필요한 것은 상대를 이해시키는 힘'이라는 점을 일찌감치 깨닫게 되었다.

일관된 '말'과 '행동'으로
자발적 움직임을 유도하라

나는 관리자가 되고 나서, 새로운 부서로 이동할 때마다 '10가지 업무 진행 방침'이라는 문서를 부하직원들에게 나누어주는 습관이 생겼다. 효율과 생산성을 중시하고, 불필요한 작업이나 야근은 일체 하지 않는다는 나의 신념을 전달한 것이다. 또 "나는 여러분을 노동 시간이 아닌 결과로 평가합니다"라고 분명히 말했다.

그리고 말로 전달한 것은 행동으로도 보여주었다. 불필요한 업무를 철저히 제거하고 업무량을 줄여서 야근하지 않아도 성과가 나는 구조를 만들었다. 부하직원들로서는 빨리 퇴근하면서도 높은 성과를 내고, 또 그 점을 확실히 평가받은 것이다. '이 상사 말대로 하면 좋은 점이 있다'는 걸 알게 된 후로는 나를 신뢰하고 움직여주었다.

'사람을 움직인다'는 것은 윗사람이 권력이나 강압으로 아랫사람을 복종시키는 것이 아니다. 아랫사람이 자발적으로 움직이고 싶도록 영향을 미치는 것이다. 그러기 위해서는 리더가 평소에 신뢰할 만한 '말'과 '행동'을 거듭 보여주어야 한다. 그러한 경험이 쌓이면 상사의 말과 행동에 대한 의구심이 사라져, 부하직원들은 그의 말에 즉각적으로 반응하고 믿음으로 보답한다.

° 타인을 움직이기 위해서는
'신뢰'와 '커뮤니케이션'이라는 두 바퀴가 필요하다.

조직을 이끄는 사람에게 가장 중요한 것은 '영향력'이다. 긍
정적인 영향력을 미치는 리더가 되기 위해서는 커뮤니케이션
능력도 중요하다. 정중한 대화법으로 상호 신뢰를 쌓아나가
야 한다. 강요와 명령의 화법이 아닌, 자신의 목표가 팀원들
에게 충분히 공유되고 동기 부여가 될 수 있도록 '협력의 화
법'으로 대화해야 한다. 그에 앞서 팀원들이 리더의 말에 공
감할 수 있도록 리더 스스로 행동으로 보여주어야 한다.

신뢰의 커뮤니케이션 능력을 기르고 싶다면 '쓰기' 습관을
갖추길 권한다. 특히 관리자로서 자신만이 가지고 있는 일에
대한 신념은 '10가지 업무 진행 방침'처럼 문서화하면 좋다.
자신의 생각도 정리되고, 부하직원들에게도 오해 없이 전달
될 수 있다.

충분히 생각하되 빠르게 실행하라

당신이 반복적으로 하는 행동,
그것이 바로 당신 자신이다.
즉, 탁월함은 행동이 아니라 습관이다.
_아리스토텔레스

30대는 '바로' 추진해도 되지만
40대부터는 '숙고'의 시간이 필요하다

최근에는 '추진력'에 관한 업무술 책이 인기를 끌고 있다. 신속하게 업무를 처리하는 직원에 대한 선호도가 높기 때문이다. 상사로부터 "내일 아침까지 회의용 자료를 마무리해주게"라는 말을 들었다면, 그 일은 당장 시작해야만 제시간에 끝낼 수 있다. 따라서 이런 경우에는 '일은 바로 시작해야 한다'라는 말이 옳다. 하지만 모든 일에는 반드시 양면성이 있다.

즉 일의 성격에 따라 바로 행동하지 않고 천천히 생각하는 단계도 필요하다. 특히 관리자로서 책임 있는 판단이 요구되는 자리에 있다면 더욱 그렇다. 20대나 30대까지는 상사가 시키는 업무를 마감시간 전에 빨리 마치는 데 집중하면 된다. 하지만 리더로서 '금년도 프로젝트 예산을 설비 투자와 인원 보강에 어떻게 분배할까'와 같은 중요한 결단을 내리기 위해서는 차분히 검토하는 시간이 필요하다. 왜냐하면 앞으로 1년 간 조직의 성과를 결정짓는 중대한 테마이기 때문이다.

심사숙고하지 않아 잘못된 결론을 내서 그 방향으로 내달린다면, 돌이킬 수 없는 실수를 범할 수 있다. 그렇다고 지나치게 고심만 하다가는 마감을 지키지 못하거나 비즈니스의 호기를 놓칠 수도 있다. 그러므로 40대에게는 '차분하고 빠른' 움직임이 요구된다. 30대부터 차근차근 업무 경험을 쌓아왔다면 마감 기한을 지키면서도 충분히 고민한 결론에 이르는 것은 어렵지 않다.

충분히 생각한 후 결심했다면
바로 행동하라

'행동하기 전에 생각하는 일'은 모든 일의 기본이다. 내가 이것을 뼈저리게 깨닫게 된 것은 섬유업계에 몸담았기 때문이기도 하다. 섬유나 철강 소재를 다루는 업계에서는 제조, 생산설비가 일단 세워지면 그곳에서 50년쯤은 가동시켜야 한다. 기계나 자동차의 경우, 조립기기만 있으면 어디서나 제조가 가능하기 때문에 필요에 따라 공장을 조립 건축하거나 해체할 수 있지만 소재산업은 그렇게 할 수가 없다.

내가 플라스틱사업부의 부장으로 일할 때, 해외 설비 투자를 담당한 적이 있다. 최종적으로 2년 간 12곳에 제조 거점을 신설하면서, 어느 나라에 어떤 설비를 건설할지에 대해 더없이 신중한 숙고를 거듭했다. 이후 수십 년간 회사의 실적이 좌우될 계획이었기 때문에 너무나 당연한 수순이었다. 한편, 2년 안에 미션을 달성해야만 했기 때문에 일단 결정한 뒤에는 초스피드로 움직였다. 이처럼 충분히 생각하면서도 발 빠르게 움직였기 때문에 좋은 성과를 낼 수 있었던 것이다.

40대에는 '충분히 생각하고, 결정한 일은 바로 행동하는' 실행력이 필요하다. 20대나 30대는 즉흥적으로 일을 추진한 결과가 좋지 않아도 그다지 손실이 크지 않다. 그로 인한 실패를 만회할 기회도 있다. 하지만 40대가 되면 상황이 달라진다. 자신의 경솔한 판단으로 인해 발생한 문제는 조직 전체에 치명적인 영향을 미칠 수 있다. 그러므로 행동하기 전에 여러 가지 요소를 고려해서 충분히 생각하고, 숙고한 후에는 망설임 없이 일사분란하게 움직여야 한다.

˚ 40대에게는 '차분하고 빠른' 실행력이 요구된다.
행동하기 전에 충분히 생각하고,
결정하면 바로 행동에 옮겨라.

비즈니스에 정설은 없다. 예를 들면, '선택과 집중'이라는 이름 하에 채산성이 떨어지는 사내의 부문을 없애는 것이 정답처럼 회자되지만, 내가 몸담았던 ㈜도레이에서는 오랜 세월 적자였던 탄소섬유사업이 지금은 핵심사업으로 성장했다. 그러므로 유행하는 경영이론을 그대로 받아들이지 말고, 우리 조직의 상황을 바탕으로 '자신의 머리'로 깊이 생각해야 한다.

40대에 꼭 필요한 습관은 심사숙고하는 것이다. 20대나 30대는 추진력이 중요하다. 왜냐하면 상사의 지시대로 움직이면 되기 때문이다. 하지만 40대부터는 충분히 고민하는 것이 중요하다. 팀이나 조직의 성과를 결정짓는 중요한 결단을 내릴 위치에 있기 때문이다. 심사숙고를 습관화하되, 일단 결단을 내렸다면 즉시 움직여야 한다.

인생을 좌우하는 두 가지 요소를
선천적 요소와 후천적 요소로 나눈다면
습관은 후천적 요소이고
이것은 타고난 능력보다 더 중요하다.
그래서 공자는 "본성보다 습관에서 차이가 생긴다"고 했다.

2장
/
자기계발
습관

취미를 갖는 습관이 왜 중요한가

인간의 타고난 본성은
모두 비슷하지만
습관에 의해 달라진다.
_공자

인생을 즐기기 위해서는
일만큼 취미생활도 중요하다

일이 인생을 즐겁게 해주는 요소 중 하나라면, 취미 역시 마찬가지다. 나도 지금까지 다양한 취미를 즐겨왔다. 학창 시절에는 등산과 바둑에 몰두했다. 대학 시절 활동했던 동아리 반더포겔(Wandervogel, 집단으로 산야를 도보 여행하는 청년운동 —역주)의 친구 중 한 명은 지금도 세계 100대 명산 제패를 목표로 등산을 하고 있다. 나도 젊을 때는 아이들을 데리고 자주 산에 올랐지만, 최근에는 산보다 옛 성에 흥미를 느끼기 시작해서 언젠가는 100대 고성을 모두 둘러보고 싶다.

반면에 바둑은 결혼을 계기로 그만두었다. 이유는 지나치게 몰두했기 때문이다. 사회인이 되고 나서도 틈만 나면 아침부터 밤까지 『바둑의 정석』을 암기했고, 통근 전철 안에서도 바둑묘수 풀이에 열중했다. 그러나 아이가 생기자 가족을 위해 써야 할 시간을 확보하기 위해 무언가를 그만두어야 했다. 게다가 나 자신의 발전을 위해서라도 통근 시간은 공부나 업무에 할애해야 할 것 같았다. 결국 과감히 바둑을 중단하기로 했다.

이후 회사에서 직급이 올라가자 골프를 배웠다. 임원대회에서 우승할 만큼 몰두하기도 했는데 이 역시 최근 몇 년간은 쉬고 있다. 강연 의뢰가 늘어서 바빠지기도 했고, 책을 집필하기 위해서라도 골프에 쓰는 시간을 줄여야 했다.

취미에 지나치게 몰두하다가 다른 일에 소홀해진다면 그것은 분명 본말이 전도된 것이다. 특히 한창 일할 30대에서 40대까지는 일과 취미의 균형을 잘 유지해야만 한다.

취미생활을 하면
일에 대한 동기도 상승한다

물론 취미는 인생을 풍요롭게 해준다. 나와 아내는 음악을 좋아해서 콘서트에 자주 간다. 주로 클래식을 들으러 가는데, 가끔은 아내가 좋아하는 가수의 콘서트에 함께 가는 일도 있다. 또 그림을 좋아하는 비서를 따라 종종 미술관에 가기도 한다.

이렇게 누군가와 함께 여가 시간을 보낼 수 있다는 것만으로도 취미는 가져야 할 이유가 있다. 일에만 몰두하다가 막상 정년을 맞아 함께 음악회에 갈 상대도 없다면 너무 쓸쓸할 것이다. 게다가 사적인 시간을 충실하게 보내면 일에 대한 동기도 상승한다. 즐거운 시간을 보내고 기력을 배양하고 나면 더욱 일에 매진할 수 있다.

일로 성과를 내기 위해서라도 인생에 놀이는 필요하다. 내 주위만 보아도 일을 잘하는 사람일수록 열심히 취미생활을 즐긴다. 회사 동기 중 한 명은 부부가 함께 하이쿠(俳句, 일본 정형시의 일종으로, 특정한 달이나 계절의 자연 인상을 묘사하는 서정시-역주) 모임에 들어가 시집도 출간했고, 임원을 역임했던 선배는 단가를 읊는 것이 취미였다.

젊은 시절에는 친구들과 함께 시간을 보낼 기회가 많고 그 자체가 취미생활만큼의 즐거움을 준다. 하지만 나이가 들수록 인생에는 일과 가족이 더 중요해지기 때문에 그 균형을 유지하면서도 시간을 내어 취미생활을 해야 한다. 그러면 인생의 즐거움이 몇 배로 늘어날 것이다. 정년 후에는 그 취미를 바탕으로 인생 이모작을 시작할 수도 있다.

° 취미에 지나치게 몰두하면 본말이 전도된 것이다.
하지만 적절한 취미생활은
일과 인생에 활력소가 될 수 있다.

지금까지 취미 없이 살아온 사람이라면 이제부터라도 새로운 취미에 도전해보라고 권하고 싶다. 나의 지인은 취미로 소바 만들기를 시작해서 지금은 솜씨가 장인 못지않다. 가끔 손님들을 초대해서 자신이 직접 만든 소바를 대접하면서 즐거운 시간을 보내고 있다. 또 커피를 좋아해서 꾸준히 커피 공부를 해온 이는 정년 후 동네에 작은 커피 공방을 차려서 원두를 볶아 팔고, 때때로 커피 시음회와 수업도 하면서 제2의 인생을 살고 있다.

철학자 칸트는 "자기혐오에 빠지지 않으려면 일을 해야 한다"고 했다. 반면에 그 누구보다 엄격한 삶을 살았으면서도 '내적 쾌활함'을 잃지 않기 위해 매일 친구들과 함께 즐겁게 식사를 하며 자신만의 여가시간을 보냈다. 누구나 나이가 들면 일에서 멀어지고 여가시간이 많아진다. 그때 쾌활한 삶을 살기 위해서라도 40대부터는 취미생활을 시작해야 한다. 단, 이때는 일과 가정의 균형을 유지하면서 적절히 취미생활을 하자.

가끔은 문화 유적지를 찾아가보자

하나의 새로운 습관이
우리가 전혀 알지 못하는
우리 내부의 낯선 것을 일깨울 수 있다.
_생 텍쥐페리

40대에 보고 듣는 것은
젊을 때와는 다른 무게감이 있다

회사에서 관리자가 되면서 나에게도 해외 출장의 기회가 많아졌다. 언젠가 프랑스로 출장 갔을 때 나의 상사는 "모처럼 외국에 왔으니 일 이외의 체험도 해야지"하면서, 출장 일정을 하루 더 잡아주었다. 그날 파리 근교의 바르비종과 퐁텐블로를 찾은 나는 건축물과 풍경 하나하나에 압도되었다. 밀레와 코로 등 자연주의 화가가 많이 살던 마을과 역대 프랑스 왕들을 위한 궁전 등 눈에 보이는 모든 것들이 지금까지 느껴본 적 없는 에너지를 품고 내게 다가오는 듯했다.

20대 때 신혼여행으로 파리를 방문했을 때에도 루브르 미술관이나 베르사유 궁전을 보고 감탄했었지만, 당시에는 인생 경험이 적어서인지 그저 대단하다는 생각만 들었다. 하지만 40대가 되자 진짜를 알아보는 안목도 생겼고, 묵직하게 다가오는 무게감을 제대로 느낄 수 있었다. 감동의 깊이가 달라진 것이다.

이후 나는 출장으로 해외나 지방을 방문할 때는 문화유산을 직접 보기 위해 어떻게든 시간을 내려고 애썼다. 그중에서도 마음이 크게 흔들렸던 것은 처음으로 '즉신불(卽身佛, 궁극의 깨달음을 얻은 인간이 육신 그대로 부처가 된 모습-역주)'을 보았을 때였다. 그 불상의 존재를 알려준 사람은 내가 경영기획실에서 일할 때 모시던 마에다 사장이었다. 그는 동료들과 함께한 술자리에서 이런 이야기를 했다.

"내 인생의 만남 중에 위대하다고 느낀 3가지가 있다네. 이집트의 룩소르 신전, 네팔의 히말라야 산맥, 일본 야마가타의 즉신불이야." 그리고 이어서 이렇게 말했다. "즉신불은 세상과 중생을 위해 온 힘을 다한 승려의 모습이라네. 사사키 군, 꼭 한번 보러 가게나."

연령과 직책이 높아질수록 겸허한 마음을 길러야 한다

그날 다른 동료들도 함께 있었는데 그는 특별히 나를 지명했다. 그 순간 나는 '내가 임원이 되겠구나' 하고 직감했다. 그래서 바로 그 다음 연휴에 야마가타로 가서 즉신불을 직접 보았다. 그것은 충격적인 체험이었다. 세속의 삶을 버리고 산으로 들어가 험난한 수행을 쌓은 끝에, 오직 세상의 안녕을 기원하면서 마지막에는 석실(石室)에 들어가 좌선을 한 채 죽음을 맞은 것이다. 그 성스럽고 엄숙한 모습을 눈앞에서 직접 보고 나니, 내 자신이 얼마나 작은 존재인지 통감하게 되었다. 또한 타인을 위해 애쓰는 일의 소중함도 깨닫게 되었다.

그 감동을 리포트로 정리하여 연휴가 끝난 후 마에다 사장에게 제출했다. 그리고 그 다음 주에 나는 '임원으로 승진된다'는 비공식 통지를 받았다. 당시 사장은 내게 직접 승진에 대해 언급하지는 않았지만, '회사와 조직을 위해 힘써라'라는 자신의 메시지를 은근히 내게 전달했던 것이다. 내가 즉신불을 보면 자신의 진심을 받아들일 수 있을 거라고 생각한 건 아닐까.

나이가 들어 인생의 의미를 조금씩 깨달아가고, 조직에서는 책임감이 무거워질수록 문화유산을 직접 보고 겸허한 마음을 기르길 바란다. 젊었을 때 보던 것과는 사뭇 다른 무게감이 느껴질 것이다. 바쁜 일상 속에서 놓치고 있던 내 곁에 있는 사람들의 진심과 지난날의 과오도 깨닫게 되고 한편으로는 위로도 받을 수 있다. 세상사에 시달림이 심할수록 문화유산의 의미는 더 사무치게 다가올 것이다.

야마가타의 즉신불을 보고 큰 감동을 받은 후, 나는 아내와 딸 부부를 데리고 다시 한 번 그곳을 찾았다. 모두가 그 모습에 압도되어 넋을 잃고 바라보았다. 이처럼 때로는 가족과 함께 진경(珍景)을 보고 감동을 공유하는 것도 훌륭한 체험이 된다.

나이가 들고 직함이 높아지는 연배일수록 '진짜'를 알아보는 눈을 길러야 한다. 20대에는 좋은 것을 보면 '우와!' 하면서 감탄하고 막연히 멋지다고 느끼지만, 40대가 되면 자신의 가치관이 정립된 시기이므로 문화유산이 주는 감동의 무게도 그만큼 묵직하다. 출장이나 여행 등 먼 곳에 갈 때는 꼭 그 지역의 문화유산을 찾아가보자. 직접 실물을 보고 그 위대함을 깨닫고 겸허함을 배우자.

나침반이 되어줄
나만의 인생 책을 가져라

성공하고 싶다면
다른 사람의 좋은 습관을
자신의 습관으로 만들면 된다.
_빌 게이츠

마흔 살,
『논어』를 만나야 할 나이

누구에게나 삶의 지침이 되는 책이 있다. 나에게는 공자의 『논어(論語)』가 그런 책이다. 수첩에 『논어』의 구절들을 적어 두고 늘 마음속에 새기고 있다. 이 책에는 '리더란 어떤 사람이어야 하는가'라는 테마가 반복해서 등장한다. 그중 「위정편(爲政篇)」에 나오는 구절인 '군자불기(君子不器)'의 가르침은 내게 가장 큰 울림으로 다가왔다.

이는 '군자는 한 가지 용도로만 쓰이는 그릇처럼 국한되지 않는다'는 의미다. 그릇은 쓰임에 알맞게 크기와 모양이 정해져 있어서 바꾸어 쓸 수 없으나, 덕을 이룬 군자라면 어느 한 가지에만 능하지 않고 모든 분야에 두루 능통하며 다양성을 인정한다는 뜻이다. 40대에 접어든 이들에게 이보다 더 중요한 가르침이 있을까.

그 외에도 조직생활을 하면서 늘 마음속에 담아둔 글귀는 '기신정(其身正) 불령이행(不令而行) 기신부정(其身不正) 수령부종(雖令不從)'이다. 명령하는 사람의 주장이나 행동이 바르면, 명령하지 않아도 사람이 따른다는 의미다. 나이 들수록 부모 노릇, 어른 노릇, 상사 노릇 등 윗사람으로서의 역할이 늘어난다. 하지만 독단적이고 무책임한 부모와 상사를 따를 사람은 없다. 누군가에게 지시하고 명령하는 일이 많아지는 나이가 될수록, 이 말은 곁에 두고 늘 자신을 되돌아보는 계기로 삼을 만하다.

하루의 끝에
『논어』를 읽는 습관을 가지자

『논어』는 어느 시대에나 보편적인 '사람으로서 갖춰야 할 자세'를 담고 있다. 지금으로부터 약 2500년 전의 책이 아직도 면면히 읽히고 있다는 것은 그만큼 가치가 있다는 증거이기도 하다. 고전이라서 어렵다는 이미지가 있는데 그렇지 않다.

공자는 '출세하고 싶다' '부자가 되고 싶다'와 같은 욕구를 부정하지 않았다. 그 자체를 목적으로 삼는 것은 본말전도이지만, 사회적으로 가치 있는 일을 이룬 결과로 지위나 재력을 손에 넣는 것은 나쁘지 않다고 기술하고 있다. 일만 하고 살 것을 강요하지도 않았으며, 취미나 교양 쌓기도 권장했다. 공자는 맛있는 음식이나 술도 매우 좋아해서 인생을 즐길 줄도 아는 대단한 정력가에다 댄디한 남성이었다. 따라서 현대에 살고 있는 우리와도 닮은 부분이 많아 공자의 가르침은 쉽게 받아들일 수 있다.

중요한 것은 책을 읽는 데 그치지 않고 그 배움을 행동으로 옮기는 것이다. 『논어』뿐 아니라 고전이라고 불리는 것은 모두 우리에게 큰 시사점을 준다. 교양서를 비롯하여 소설에도 우수한 작품은 많다.

40대가 되면 자신만의 '인생 책'을 가져야 한다. 책은 단지 많이 읽는다고 좋은 것은 아니다. 다독가라 해도 독서로 얻은 것을 자신의 삶에 적용하여 인생을 풍요롭게 만들지 못한다면 무의미하다. 즉 읽은 책의 수가 자랑거리는 아니다. 그러므로 자신만의 '인생 책'을 정해서 몇 번이고 반복해서 읽고, 마음에 와닿는 구절을 수첩에 적어두자. 그 배움을 실행에 옮겨야만 의미 있는 독서이고 삶도 달라질 수 있다.

° 40대에 나만의 인생 책을 갖는다는 것은
삶의 큰 가르침을 주는 스승을 곁에 두는 것과 같다.

시대는 변하지만 윗사람에게 요구되는 자질은 변하지 않는
다. 공자가 전하는 훌륭한 리더의 조건은 많다. 그중 '군자화
이부동(君子和而不同) 소인동이불화(小人同而不和)'도 새겨두어야 할
지혜다. 이 말은 군자는 자신과 생각이 다른 사람과도 화합
하되 이익을 얻기 위하여 주관을 버리고 몰려다니지 않으며,
소인은 이익을 얻기 위하여 주관을 버리고 몰려다니지만 화
합을 이루지는 못한다는 의미다. 이는 '배려' '언행일치'와 함
께 나이가 들수록 새겨야 할 가르침이다.

평소 독서로 인생을 충실하게 살고 있다 해도 40대가 되면
나만의 '인생 책'을 가져야 한다. 책을 많이 읽는다고 해서
인생이 달라지지는 않는다. 책의 지식을 자신의 삶과 연결
지어 인생을 풍요롭게 만들 줄 알아야 한다. '바로 이거다!'
싶은 책을 찾아 마르고 닳도록 읽어서 자신의 것으로 만들
자. 40대의 독서는 그 배움을 실천해야만 의미가 있다.

한번씩 생활 습관 전반을 재검토하라

습관을 바꾸는 것만으로도
자신의 인생을 바꿀 수 있다.
_윌리엄 제임스

30대부터 몸과 생활 습관
모두 재점검하라

"몸이 예전 같지 않아. 예전엔 철야를 하고 출근해도 거뜬했는데 이젠 야근만 해도 힘들어."

40대 직장인들이 흔히 하는 말이다. 이때부터 몸의 변화를 자각하는 시기이다. 개인마다 차이는 있지만 대개는 체력 저하가 시작되고 쉽게 피곤을 느낀다. 20대나 30대 때는 다소 무리하더라도 금방 기력을 되찾을 수 있지만, 40대가 되면 회복이 쉽지 않고 몸이 상하기 쉽다.

따라서 건강에 주의를 기울여야 한다. 건강은 모든 것의 근간이다. 건강하지 않으면 일도 잘할 수 없고, 가족을 보호할 수도 없다. 그런데 건강을 잃으면 모든 것을 잃는다는 것을 알면서도 젊은 시절엔 방심하기 마련이다. 나는 30대부터 다른 사람보다 두 배로 건강 관리에 신경 써왔다.

　매끼 야채를 충분히 먹고 고기나 생선도 균형 있게 섭취했다. 매일 체중을 체크하고, 1킬로그램이라도 늘면 그날은 식사를 가볍게 해서 체중을 본래대로 되돌렸다. 그 덕분에 나의 체중 변동은 2킬로그램 범위 내에 국한되었다. 술 마실 기회도 많았지만 항상 적당량을 마시려고 노력했다.

　운동도 게을리하지 않았다. 40대부터는 일주일에 두 번씩 4킬로미터 달리기 습관을 들였다. 지금은 매일 걷기로 바꾸었지만, 어떤 식이든 규칙적으로 몸을 움직이기 위해 애쓰고 있다. 그리고 나이 들수록 건강을 위해 신경 써야 할 것 중 하나가 '수면'이다. 한창 일할 때는 일과 가사·육아 모두에 쫓기면서도, 수면 시간은 충분히 확보해서 평일에는 7시간, 휴일에는 8시간씩 자려고 했다. 그 대신 낮에는 절대 한눈팔지 않고 일에만 집중했다. 일에 몰두하고 바쁘게 지내다보니 밤에는 지쳐서 푹 자게 된다. 나는 누워서 잠들 때까지 5분 이상 걸려본 적이 없다.

　그리고 매년 거르지 않고 건강 검진을 받고 있다. 자신의 몸 상태를 정확히 파악하고 개선해야 할 부분은 치료하도록 노력하고 있다. 특히 술은 삼가고 있다.

건강을 지키는 습관은
인생의 큰 불행을 예방한다

이런 습관을 들여온 덕분에 나는 지금까지 큰 병 없이 지내고 있다. 우리 집 체중계는 '신체 나이'도 점검할 수 있는데 항상 30대에서 40대 사이를 유지하고 있다. 아내는 내게 "사용자를 기쁘게 해주려고 조금 후한 숫자가 나오는 거예요"라고 말하지만, 내가 벌써 70대이니 실제 나이보다 신체는 젊다고 자부해도 좋지 않을까.

동기나 선배들을 보더라도 대부분 고혈압 등의 성인병을 비롯해서 간혹 심각한 질병을 앓고 있는 이들도 있다. 나는 운 좋게도 부모님으로부터 건강한 몸을 물려받기도 했지만, 아무래도 오랜 세월에 걸친 습관이 오늘날의 건강을 유지하는 비결인 듯하다. 40대 이후 찾아오는 진짜 승부에 만전을 기하기 위해서라도 마흔이 되기 전부터 '건강'을 첫 번째 목표로 삼기 바란다.

40대는 일견 삶이 안정되는 시기인 듯하지만, 어찌 보면 가장 불안한 시기이기도 하다. 가정에서는 부모, 직장에서는 관리자로서의 책임감이 낯선 만큼 힘겹다. 그래서 자신의 몸과 마음을 챙기기보다는 가족과 회사를 위해 앞만 보고 달리기 마련이다. 하지만 이때야말로 건강을 지키는 습관을 다져 나가야 할 시기다. 자기 자신을 사랑하고 존중하는 첫 번째 방법이 바로 건강한 몸을 위한 습관을 만들어나가는 것이다.

직장생활을 하다보면 술자리가 잦다. 나는 40대가 되고 나서는 술자리도 가려서 참석했다. 주량을 줄이기 위한 이유도 있지만, 술자리에서의 논의가 생산성이 떨어진다고 느꼈기 때문이다. 특히 회식 자리에서 술을 마시면서 하는 대화는 대부분 상사나 부하직원에 대한 험담이나 회사에 대한 불평불만이다. 그러니 가급적 실속 없는 술자리에는 억지로 얼굴을 내밀지 않아도 된다.

공자는 "본성보다 습관에서 차이가 생긴다"고 했다. 인생을 좌우하는 두 가지 요소를 선천적 요소와 후천적 요소로 나눈다면, 습관은 후천적 요소이고 이것이 타고난 능력보다 더 중요하다는 의미다. 나는 그 습관 중 건강한 생활 습관이야말로 가장 중요한 덕목이라고 생각한다. 40대부터는 무엇보다 '건강'을 첫 번째 목표로 삼자!

주변 사람을
행복하게 하는 습관이 있는가

자신이 한때 이곳에 살았음으로 해서
단 한 사람의 인생이라도 행복해지는 것
이것이 진정한 성공이다.
_랄프 왈도 애머슨

함께 행복하기 위해서는
나도 행복해야 한다

우리는 행복하기 위해 살고 있다. 불행을 바라는 사람은 없을 테니 어쩌면 당연한 사실이다. 하지만 실제로는 자신을 과도하게 희생하거나 역경에 몰아넣은 채 힘들고 고통스러운 인생을 보내는 사람도 적지 않다.

40대 직장인들 중에는 '회사를 위해' '가족을 위해' 자신의 삶을 등한시하는 이들이 있다. 극도의 스트레스도 당연하게 여기며 인생을 즐기지 못한다. 이는 바람직하지 않다. 자신의 행복과 타인의 행복은 결코 상충하는 관계가 아니다. 내가 행복해야 주변 사람들이 행복해지고, 주변이 행복해야 나도 행복해진다.

'타인을 위해 나의 희생과 인내가 강요당하고 있다'고 생각하면 인생은 고통스러워질 뿐이다. 회사에서도 관리자가 되면 상사와 부하직원 사이에서 희생당하고 있다는 생각을 하기 쉽다. 특히 팀원 관리가 중요한 업무 중 하나인 것을 알지만, 그들의 성장과 발전에 힘쓰다보면 자신은 도태되고 있는 게 아닌가 하는 불안한 마음도 생긴다.

하지만 자신의 지도로 팀원이 성장하는 것은 상사로서 큰 행복이 아닐까. 부하직원으로부터 '과장님 덕분입니다. 감사합니다'라는 인사를 받을 때만큼 기쁘고 보람된 일은 없다. 그 점을 이해하면 그들을 위해 쓰는 시간이나 노력은 스트레스가 아닌 기쁨이 된다. 타인에게 공헌하면 반드시 신뢰나 호의로 되돌아온다. 그러면 자신도 행복해지고, 윈-윈 관계가 구축된다.

관계를 소중히 여겨왔기에 돌아오는 행복한 순간

나도 그런 행복한 체험을 몇 번이나 했다. 영업부 시절에 첫 책을 출간했는데 당시 거래처 사장님들이 출간 파티에 와주었다. 그 자리에서 내가 '지방에 살면서 도쿄까지 와주셔서 감사하다'는 인사를 건네자, 모두들 '사사키 씨에게 받은 은

혜를 언젠가 되돌려주고 싶었다'는 말을 해주었다. 예전에 내가 고객을 위해 애썼던 노력이 이렇게 되돌아오다니, 나는 정말 행복한 사람이구나 하는 생각이 들었다.

언젠가는 제조사 사장님이 연락도 없이 갑자기 나를 만나러 온 적이 있었다. 그는 내게 뜻밖의 이야기를 했다. "내가 암에 걸렸어요. 남은 시간이 고작 6개월 정도랍니다. 그래서 죽기 전에 꼭 만나고 싶은 사람이 누굴까 하고 생각했는데…… 그중 한 사람이 당신이었어요." 그 말을 듣는 순간 나는 얼어붙은 듯 한동안 아무 말도 하지 못했다. 얼마 남지 않은 생의 시간을 나와 만나기 위해 쓰고 있다고 생각하니 가슴속에서 뜨거운 눈물이 흘러내렸다.

나로 인해 누군가가 행복하다면 그것만으로도 좋은 인생을 살고 있는 것이다. 그리고 가까운 지인 중에 나의 행복을 진심으로 기원해주는 사람이 있다면 그 또한 내가 잘 살고 있다는 증거이다. 그러니 이제부터라도 '행복의 가치'를 다시 생각해보자. 행복은 함께하는 삶 속에서 진정한 빛을 발한다.

° 내가 행복해야 주변 사람들이 행복해지고,
주변이 행복해야 나도 행복해진다.

오래전에 한 거래처 사장으로부터 '손자가 도쿄대학교에 응시해서 시험을 치르는데 만나주었으면 한다'는 부탁을 받은 적이 있다. 내가 해줄 수 있는 조언이 뭘까 고심하면서 나름대로 진솔하게 조언해주었다. 이후 거래처 사장은 손자와 함께 나를 찾아와 합격 소식을 알려주었다. 사회생활을 하면서 만났지만 이렇게 가족처럼 지내는 관계가 되는 것도 인생의 즐거움이자 행복이다.

40대가 되면 자신의 '행복 가치관'을 다시 검토해볼 시기다. 앞으로는 '자신의 행복'과 '주변의 행복'을 함께 생각해야 한다. 자신이 희생해야 가족을 비롯한 주변 사람이 행복해진다는 강박은 버려야 한다. 내가 행복해야 그들도 행복해진다는 생각을 하되, 누군가를 위해 애쓰고 진솔한 관계를 만들어나가는 것 또한 나의 행복이라는 점도 기억하자. '덕분입니다'라는 말을 들을 수 있는 관계가 많아질수록 인생은 행복해진다. 신뢰와 호의가 되돌아오는 삶이야말로 가장 성공한 인생이 아닐까.

40대 인간관계가
20년 뒤 나를 결정한다

어떤 대상과 어느 정도 거리를 두고 바라보면
많은 것들이 생각보다 훨씬 더 소중하고
아름답다는 것을 깨닫게 된다.
_프리드리히 니체

진솔한 인간관계의 축적이
인생을 풍요롭게 해준다

20대와 30대는 즐겁고 새로운 일이 많아야 인생이 행복하다고 느낀다. 인간관계도 새로운 사람을 많이 만나야 풍요로워진다고 생각한다. 하지만 나이가 들수록 행복에 대한 가치관이 달라진다. 새로운 만남과 흥미로운 일은 줄어들지만, 그간 쌓아온 관계의 축적으로 인생은 그 어느 때보다 풍요로워지고 감사한 일이 많아져서 더 행복감을 느끼게 된다.

나는 정년을 맞은 뒤에도 함께 일했던 직원들과의 만남을 계속 이어가고 있다. 그들은 내가 퇴직할 때 '감사의 모임'을 열어주었다. 특히 나를 유난히 잘 따랐던 부하직원 중 한 명은 "살아계실 때까지 이 모임은 매년 계속될 것입니다" 하며 눈시울을 붉혔다. 그 약속대로 지금도 해마다 모임을 갖고 있다.

강연 의뢰도 많이 받고 있는데 이 역시 인간관계를 만들어나가는 일이다. 기업의 신입사원부터 교사, 관공서 직원들까지 다양한 분야의 사람들을 만나고 있다. 군대나 경찰의 수뇌부를 대상으로 강연한 적도 있다. 처음에는 '왜 전혀 다른 분야의 사람들이 나의 이야기를 듣고 싶어 하는 걸까' 하고 적잖이 놀랐지만, 강연할 때마다 그들의 반응이 너무 적극적이어서 상당히 재미있다.

학창 시절의 친구와도 교류를 이어 가고 있다. 대학 시절 동아리 '반더포겔'의 친구들과는 매년 동창회를 하고 있다. 40대쯤 내가 주도해서 시작했기 때문에 '사사키 모임'이라고도 불리는데, 매번 학창 시절로 돌아간 듯 분위기가 달아오른다.

그리고 나에게 가장 힘이 되는 관계는 다름 아닌 가족이다. 우리 가족에게는 견디기 힘든 시간이 참 많았다. 간질환과 우울증을 오랫동안 앓아온 아내와 아픈 아이 등 여러 가지 어려움이 있었지만 그것을 극복해가는 과정에서 그만큼의 신뢰가 쌓였다. 서로를 아끼고 의지하는 마음이 더 돈독해진 것이다.

40대의 만남은
'자연스러운' 것이 좋다

나를 아껴주는 사람과 걱정해주는 사람이 많다는 것은 정말 행복한 일이다. 그 행복은 마음속 깊이 남아 삶의 큰 기쁨이 되어준다. 이는 찰나의 관계가 아닌 오랜 시간 동안 쌓아온 인간관계에서 비롯되는 것이다.

관계는 자연스러워야 지속된다. 새로운 관계를 만들기 위해 안간힘을 쓰거나 지나치게 애써야 한다면 그 관계는 오래 지속되기 어렵다. 함께 있어서 즐거운 사람이나 좋아하는 사람과의 관계에 시간과 노력을 들이자.

40대가 되면 불필요한 것은 버리라고 말했지만, 자연스럽게 맺어진 인간관계만큼은 간단히 잘라버려서는 안 된다. 상사나 부하, 업무 관계자 등 모두 인연이 있어 같은 장소에서 살아가게 된 이들은 너무 가까이도, 너무 떨어지지도 않게 담담한 관계를 유지하면 된다. 때로는 '나는 그 정도로 신경 쓰지 않는데, 상대가 좋아해주는' 경우도 있다. 그 호의를 한동안 눈치채지 못했다고 해도 인연을 유지하고 있으면, 결국 어떤 계기로든 깊은 만남으로 이어지기도 한다.

아울러 새로운 관계를 만들기 위해 너무 애쓰지 말라고

당부하고 싶다. 관계는 물 흐르듯 자연스러워야 한다. 그리고 오래 사귀어도 처음 만난 사이처럼 서로 존중해주어야 한다. 격의 없이 지낼 수 있는 사이는 함부로 만만하게 대하지 않을 때 가능하다. 젊은 시절의 관계를 되돌아보면 누구나 알 수 있다. 지금 내 곁에 남은 관계를 보라. 그리고 20년쯤 뒤 그들이 내 삶에 어떤 의미가 되어줄지도 생각해보자.

40대를 '불혹'이라고 하지만, 실제로는 여전히 혼란스러운
시기다. 그렇다고 너무 깊이 생각하면 정신 건강에 해롭다.
'고작해야 일 때문에 괴로운 건데 뭘' '인간관계가 별건가. 내
가 진심으로 대했다면 그걸로 된 거지' 하고 떨쳐내면 된다.
결국 인생은 "케 세라 세라(Que Sera, Sera)." 어떻게든 된다.

이제부터는 함께하면 즐거운 사람과 관계를 돈독히 하는 데
집중해보자. 옛 직장 동료들이어도 좋고 학창 시절 친구여도
좋다. 이들은 모두 오랜 세월 동안 희노애락을 함께한 관계
라서 서로에게 감사한 마음을 갖고 있는 사이다. 이들과 '돈
독한 교류'를 이어나가기 위해서는 '공정하고 타당한' 거리
를 유지해야 한다. 그래야 서로 존중하며 더 오랜 시간 관계
를 이어나갈 수 있다. 새로운 인연을 만날 때는 편견을 갖지
말고 '적당한 교류'를 통해 서서히 서로를 알아가자. 지금 당
장 내게 이득 되는 게 없다고 호의를 거절하지 말고 나에게
관심을 가져주는 것에 감사한 마음을 갖자.

투자란 '없어도 불편하지 않은 돈'으로
'자신이 즐길 수 있는 것'에 돈을 쓰는 것이다.
주식을 사는 것도 투자지만
자신이 좋아하는 일에 쓰거나
자신을 성장시키는 데 쓰는 것도 투자이다.

3장
/
돈 관리
습관

좋아하는 일에 돈을 쓰면
유익한 소비가 된다

작은 일에도 최대한 크게 기뻐하라.
마음을 혼란스럽게 하는 잡념 따위를 잊을 수 있고
타인에 대한 증오심도 줄어든다.
_프리드리히 니체

돈을 쓸지 말지는
'즐거운 일인지 아닌지'로 결정하면 된다

40대는 바쁘다. 취미도 갖고 싶고 책도 많이 읽고 싶지만, 해야 할 일이 산적해 있어 어느 것에도 선뜻 손을 댈 수 없다. 시간도 한정되어 있고 무엇보다 돈 문제를 무시할 수 없다. 공부 모임, 세미나 참가, 책 구입, 취미생활에는 모두 돈이 든다. 게다가 40대는 자녀 교육비나 주택 구입에 따른 대출금 등으로 지출이 특히 많은 연령대라서 자기계발을 위해 선뜻 돈을 쓸 수는 없다.

그렇다면 무엇을 기준으로 투자처를 선택하면 좋을까. 그것은 매우 간단하다. '자신이 즐길 수 있는 것'으로 결정하면 된다. ㈜라이프넷생명보험의 데구치 하루아키(出口治明) 회장은 '재산은 예금, 투자, 지갑 3군데로 나누어야 한다'고 말했다.

예금은 유동성이 높은 돈으로 필요할 때 바로 꺼낼 수 있는 자금이다. 지갑은 평소에 사용하는 돈이다.

데구치 회장의 투자에 대한 정의도 남다르다. 투자는 '없어도 불편하지 않은 돈'으로 하는 것이다. 주식을 사거나, 좋아하는 사람에게 선물을 하거나, 뭔가를 배우기 위해 돈을 쓰는 것이다. 사용처는 사람에 따라 다르지만, 어느 쪽이든 '최악의 경우 되돌려 받지 못해도 좋은 돈'으로 정의하고 있다.

데구치 회장은 이처럼 재산을 3가지 범주로 나눔으로써, '돈을 얼마나 저축할 것인가가 아니라, 어떻게 사용할 것인지가 중요하다'고 말하고 있다. 여기에서 중요한 포인트는 돈을 어떻게 써야 좋을지 판단하는 기준은 '자신이 즐거워하는 일인지 아닌지' 여부에 있다는 점이다. 나 역시 이 의견에 동의한다.

즐거운 일은
자신을 성장시킨다

일과 마찬가지로 돈의 사용처 역시 '어디에 쓸 것인가' 하는 판단이 중요하다. 귀중한 돈을 투자하는 거라면 즐겁지 않은 일보다는 즐거운 일에 쓰는 것이 좋지 않겠는가. 물론 돈을 투자할 때는 '장래에 도움이 될 것인가'를 판단 기준으로 삼아야 한다고 생각할 수 있다. 하지만 40대가 되면 그 역시 직감적으로 알게 된다. 인간이 즐거움을 느끼는 순간은 자신의 성장을 실감했을 때다.

공부 모임에 나가든, 책을 읽든 '이 경험으로 내가 정말 성장했구나' 하고 느끼면 즐거워진다. 따라서 '자신이 즐거운 일'을 선택한다면, 그것은 필연적으로 '자신의 장래에 유익한 일'을 선택하는 것이다. 40대는 가치관이 확립되고 자신을 바르게 인식할 수 있는 시기이다. 따라서 자신감을 갖고 스스로 즐길 수 있는 일을 찾아 추구하자.

인생은 그리 길지 않다. 그리고 즐거움을 추구할 수 있는 기회는 늘 지금 이 순간에 있음을 잊지 말자. 그래서 마흔이 되기 전에 자신의 인생에서 즐거운 일이 무엇인지 찾는 습관을 길러야 한다. 그래야 40대에 과중한 업무 속에서도 일과 삶의 균형을 유지하는 '워라밸'을 향상시킬 수 있다.

° 투자란 '없어도 불편하지 않은 돈'으로
'자신이 즐길 수 있는 것'에 돈을 쓰는 것이다.

40대에는 '돈을 어떻게 써야 할 것인가'에 대한 고민이 깊다. 이럴 때는 자신만의 지침을 갖고 취사선택하면 된다. 특히 자신에 대한 투자는 '즐거움을 줄 수 있는 일'에 해야 한다. 그래야 꾸준히 할 수 있고 성장에 밑거름이 될 수 있다. 즐거움을 주는 인간관계와 나를 성장시키는 자기계발이 무엇인지 찾아서 그것에 투자하자.

나는 일본 정부의 내각부와 총무성, 후생노동성에서 심의회 위원을 역임했다. 이런 부름을 받게 된 이유는 회사에 다닐 때 사외 공부 모임에 참석해 자기계발에 매진하며 다양한 사람들과 교류한 덕분이다. 그저 즐거운 마음으로 꾸준히 하는 일에서 얻는 경험은 훗날 어디서든 소중하게 쓰일 것이다.

어떻게 돈을 쓸지
생각하는 것도 저축이다

만족할 줄 아는 사람은 부자이고
탐욕스러운 사람은 가난한 사람이다.
_솔론

꼭 써야 할 곳에는
좀 더 많은 돈을 써도 된다

돈은 '얼마를 저축하는가보다 어떻게 사용하는가'가 더 중요하다. 이것은 나 자신의 경험에서 비롯된 것이기도 하다. 나도 사실 40대에는 '돈을 좀 더 모아야겠다'고 생각했다. 머지않은 장래에 나와 가족에게 생길지도 모를 '무슨 일'에 대비하기 위해 돈을 모아야 한다는 강박을 갖고 있었다.

수첩에 잔고를 적는 칸을 만들어 보통예금과 정기예금, 주식이나 생명보험 등 우리 가족의 재산이 얼마 정도 남아 있는지 매월 적어 넣었다. 그리고 그 추이를 가끔 확인하면서 잔고가 답보 상태일 때는 '더 절약해야지' 하고 다짐했다.

하지만 지금은 '꼭 써야 할 곳에는 좀 더 돈을 썼더라면 좋았을 걸' 하는 반성도 한다. 예를 들면, 아이들과 여행을 더 다녔어도 좋을 뻔했다. 여행이라 해봤자 해수욕이나 등산을 하는 정도였기 때문에 큰돈이 필요하지는 않았다. 그래도 아이들은 아주 기뻐해주었다. 그래서 요즘은 가족과의 시간에는 돈을 아끼지 말고, 즐거운 경험이나 추억을 더 만들었어야 하지 않았나 하는 후회가 든다. 이처럼 진정한 즐거움을 주는 일은 당시에는 큰맘 먹고 돈을 썼다고 생각하지만 통장 잔고에는 그다지 영향을 주지 않는 경우가 대부분이다.

가족과 세계 일주를 하는 것도 아니지 않은가. 몇 백만 엔쯤 하는 비용이라면 주저하겠지만, 한 달에 한 번 정도 당일 코스로 1만 엔이나 2만 엔 정도 쓴다면 대단한 비용은 아니다. 공부 모임이나 세미나 참가비도 막상 돈을 낼 때는 '5000엔은 좀 비싼 거 아닌가'라고 느껴질지도 모르지만, 냉정히 생각해보면 기껏해야 5천 엔인 것이다. 물론 의미 없는 모임에 돈을 쓸 필요는 없지만, 그 모임으로 자신이 즐겁고 배워서 얻어가는 게 있다면 전혀 아깝지 않은 금액이다.

아무리 저축해도
불안감은 줄지 않는다

나도 이 나이가 되어서야 조언할 수 있는 거지만, 돈에 대해서는 필요 이상으로 고민하지 않는 것이 좋다. 결국 아무리 저축한 돈이 많아도 불안감은 줄지 않는 법이다. 통장에 500만 엔이 있는 사람과 50만 엔이 있는 사람이 있다고 치자. 그렇다고 전자가 후자보다 10배쯤 안심하고 살 수 있는 것은 아니다. 저축은 해도 해도 불안감은 사라지지 않는다. 그보다는 열심히 일하고 출세해서 급여를 올릴 생각을 하는 것이 바람직하다.

돈 관리는 '부지런히 일하면 가난으로 고통받는 일은 없다'는 마음으로 해야 한다. 요행을 바라거나 지나치게 돈에 얽매이면 일에 소홀하게 되고 그때는 정말 돈에 쫓기는 삶을 살게 된다. 나도 50대에는 아이의 독립과 아내의 입원 비용으로 연간 500만 엔가량의 지출을 감당하던 시기가 있었다. 하지만 열심히 일해서 꾸준한 수입이 있었기 때문에 어떻게든 극복할 수 있었다.

돈은 필요하다. 하지만 인생이 휘둘릴 정도로 중요한 것은 아니다. 나이가 들수록 인생에는 돈보다 더 중요한 것들이 있다는 걸 깨닫게 될 테니 돈에 안달복달하며 시간을 허비하지는 말자.

° 소중한 사람들과 즐거운 경험이나 추억을 만드는 데는
돈을 아끼지 마라.

"인생에 필요한 것은 용기와 상상력 그리고 약간의 돈이다."
찰리 채플린의 말이다. 삶이 구질구질해지지 않을 정도의 돈
만 있으면 되지 않을까. 돈을 모으는 것이 인생의 목적이 되
어서는 안 된다. 아무리 저축한다 해도 불안은 사라지지 않
고 위안이 되지 않기 때문이다.

돈을 어떻게 하면 더 많이 모을 수 있을까보다는 어떻게 하
면 현명하게 소비할 수 있을지를 고민하는 게 인생에 더 큰
위안이 되어줄 것이다. 무엇보다 일을 통해 돈을 벌고 통장
의 잔고를 늘려가야 돈에 인생이 휘둘리지 않는 삶을 살 수
있다.

부부는 가계 관리부터
머리를 맞대야 한다

버는 것보다 적게 쓰는 법을 안다면
현자의 돌을 가진 것과 같다.
_벤저민 프랭클린

주식에 너무 몰두하면 곤란하지만
경제 공부에는 도움이 된다

나는 젊을 때부터 주식 투자를 했다. 처음에는 그저 재미있을 것 같아서 시작했는데 공부를 해나가면서 투자를 하니 연이어 수익을 냈다. 그래서 자신감이 생겨 과감히 투자를 하기 시작했는데, 어느 시점에서는 그때까지의 이익이 모두 날아가 버릴 만큼 큰 손해를 보기도 했다. 내가 공부해서 확신을 갖게 된 종목이 아니라, 누군가가 추천해준 종목에 무작정 투자를 했기 때문이다.

당시 내가 존경하던 투자가가 자신의 칼럼에 '이 종목은 꼭 사야 한다'라며 추천한 것을 별도의 검증 없이 그대로 믿어버렸던 것이다. 그렇게 한 번 크게 손실을 입고 나서는 주식 투자를 그만두었다. 손해를 보기도 했지만, 주식을 하고 있으면 늘 주가에 신경이 쓰여서 일에 집중할 수 없는 폐해도 있었기 때문이다.

최근에는 샐러리맨을 대상으로 한 투자 책도 많이 나오고 있고 관련 세미나도 자주 열리고 있다. 하지만 주식으로 한탕하려는 생각은 안 하는 것이 좋다. 특히 40대는 금융상품보다 자신에게 투자해야 한다. 재차 이야기했지만 이 시기에는 자신의 기술과 능력을 갈고닦아 일로 성과를 내는 것이 앞으로의 출세와 수입 증가로 이어지는 지름길임을 잊어서는 안 된다.

그렇다고 해서 '주식 투자를 절대로 하지 말라'는 이야기는 아니다. 주식에 흥미를 갖고 실제로 투자해보면 경제 동향에 민감해지는 좋은 측면도 있다. 국내에서는 어느 업종이 신장세에 있는지, 중국이나 인도의 경제 성장은 어떤지, TPP(환태평양경제동반자협정)는 시장에 어떤 영향을 끼치는지 등 다양한 테마에 관심을 갖게 된다.

주식 투자를 하다보면 이렇게 자발적으로 공부도 하게 되고, 지식의 폭도 넓어질 것이다. 다만 일에 지장이 생길 정도로 주식에 몰두해서 회사에 출근하고서도 주가 변동에 신경이 곤두서 있어서는 안 된다.

가계 관리는
부부가 동등하게 책임져야 한다

자녀의 교육비나 주택 대출 등 지출이 많아지는 나이가 되면, 가계 관리에도 꼼꼼하게 신경을 써야 한다. 남자의 경우 경제권을 아내에게 일임해버리는 사람이 많다. 하지만 가계는 부부가 함께 관리하고 꾸려나가야 한다. 한 가정의 돈을 어떻게 사용할지는 부부가 잘 의논해서 계획을 세워야 하기 때문이다.

가계부를 쓰는 실무는 그것을 잘하는 사람이 맡으면 된다. 우리 집의 경우, 정해진 금액 내에서의 운용은 아내가 더 잘하기 때문에 아내가 매월 정기 수입 내에서 지출을 결정하고 조정하고 있다. 대신 나는 보너스 등 부정기 수입을 포함한 가계 전체의 수지 균형을 잘 조절하는 편이라 그쪽 관리를 담당하고 있다.

운용에 차질이 생길 경우에는 반드시 서로 상의해서 조정한다. 가령 '다음 달부터는 교육비가 조금 늘어날 텐데, 그만큼 다른 곳에서 조정할까요?' 하는 식으로 의논하는 것이다. 실무는 잘하는 사람이 맡으면 되겠지만, 정보는 부부간에 확실히 공유해야 한다. 그것이 가계를 잘 관리하는 기본 원칙이다.

부부 중 한 사람이 경제권을 갖고 독단적으로 지출하거나 투자를 결정할 경우, 훗날 돈 때문에 서로 상처 주는 일이 생기게 된다. 부부는 돈에 관해서도 정직해야 한다. 가족 간에도 돈 때문에 잃은 신뢰는 회복하기 쉽지 않다.

한동안 나는 주식 투자를 하지 않았다. 그러다가 최근에 한 종목을 사서 크게 적중했다. 증권회사 직원의 권유를 받긴 했지만 이번에는 심사숙고한 끝에 투자를 결심했다. 가정 경제에 무리를 주지 않는 범위에서 직접 판단한 종목에 투자하는 것은 생활에 적당한 자극을 주고 또 다른 목표를 세우게 한다.

재테크는 일에 지장이 없는 범위에서 '자기계발의 차원'에서 해야 한다. 절대로 큰돈을 벌려는 목적으로 해서는 안 된다. 자신에 대한 또 다른 투자라는 관점에서 해야 한다. 그래야 경제 공부도 하게 되고 업무에도 지장을 받지 않는다. 주가에 따라 기분이 오르락내리락 하면 절대로 일에 몰입할 수 없다. 주식 투자로 소탐대실(小貪大失)한 이들이 얼마나 많은가. 40대는 일을 통해 부가가치를 높여야 하는 나이라는 걸 잊지 말자.

40대부터는 타인에게 인생을 맡기지 말고
주도적으로 살아야 한다.
그러기 위해서는 자신의 머리와 경험으로
미래를 예측하는 습관이 필요하다.
시대의 흐름을 따르기만 해서는
일, 가족, 동료 아무것도 지킬 수 없다.

4장

/

미래 예측
습관

40대는 자율과 자립을 실천해야 한다

생각이 바뀌면 행동이 바뀌고
행동이 바뀌면 습관이 바뀌고
습관이 바뀌면 인격이 바뀌고
인격이 바뀌면 운명까지도 바뀐다.
_윌리엄 제임스

스스로 생각하고 행동해야
주도적으로 사는 것

인간에게 가장 중요한 것은 '자율과 자립'이라고 생각한다. 자율과 자립은 결국 '자신의 머리로 생각하고 행동할 수 있다'는 뜻이다. 누군가 시켜서 하는 게 아니라 자신의 판단으로 움직이고 목표에 도달하는 것, 그것이 주도적으로 사는 것이리라.

독립된 삶을 지탱하는 두 가지 축인 자율과 자립을 위해서 '나는 어떤 인간이며, 무엇을 원하는가'에 대해 항상 되짚어볼 필요가 있다. 그에 따라 앞으로의 방향성이 정해지기 때문이다. 즉 이는 인생의 미션을 정하는 작업이라고도 할 수 있다.

나도 40대가 되기 전까지는 분명한 미션이 없었다. 매일 주어진 업무에 열중하느라 삶의 큰 그림을 그릴 여유가 없었다. 하지만 그런 와중에도 조금 더 멀리 내다보며 한 발 더 나아가기 위한 노력은 게을리 하지 않았다.

이따금 '내가 만약 회사의 경영을 맡게 된다면, 리더로서 나는 어떤 사람이어야 사원과 고객이 행복해질까' 하는 고민을 했다. 관리자가 되고서는 이런 고민을 좀 더 구체적으로 하게 되었다. 우선은 나의 역량을 키워나가는 데 집중했다. 아울러 타인을 위해 공헌하면서 모두에게 '신뢰받는 사람'이 되어야겠다고 생각했다. 물론 아내와 아이들에게도 '존경받는 가장'이 되고 싶었다.

이렇게 신뢰와 존경을 받는 리더가 되면 나 자신은 물론 주위 사람도 모두 행복해질 거라는 확신 같은 것이 있었다. 나는 마흔 즈음부터 회사에서 출세하거나 성공하는 것과는 다른, '나를 성장시키고 싶다'는 의미에서의 성장 지향에 관한 강한 열망을 갖고 있었다.

40대가 되면
인생의 미션을 찾아내라

나도 지금에 이르러서야 할 수 있는 말이지만, 40대에 인생의 미션을 정해두지 않으면 때를 놓치고 만다. 40대가 지나면 50

대가 되고, 회사에서의 마지막 10여 년이 지나면 정년을 맞는다. 하지만 평균 수명이 길어진 요즘, 정년을 맞은 후의 인생은 너무 길다. 사람에 따라서는 30년 넘게 살기도 한다.

그때 '자신의 인생 미션이 회사에서 출세하는 것'이라고만 생각한 사람은 어떻게 될까. 회사를 떠나는 순간 자신의 인생에 남는 것은 아무것도 없다. 회사생활을 한다고 해도 50대가 되면 점점 사내 입지는 좁아진다. 임원으로 승진해서 리더로서의 역할을 잘 수행해나가는 경우가 아니라면 대개는 평범한 샐러리맨으로 회사생활을 마감하게 된다.

나의 동기들도 대부분 부장 혹은 만년 과장으로 마무리했다. 만약 일이나 출세만이 삶의 보람이었다면, 그 시점에서 인생의 목적을 잃게 될 것이다. 어느 날 아침, 눈을 떴는데 갈 곳이 없어진 쓸쓸한 은퇴자의 삶을 산다면 얼마나 허무하겠는가. 그렇게 되지 않기 위해서라도 40대부터는 '어떻게 살고 싶은가'라는 문제를 진지하게 생각할 필요가 있다.

끊임없이 누군가의 지시를 받고 눈치 보며 사는 삶, 나이 들어감에 따라 무거워지는 책임감에 짓눌리는 삶, 원치 않는 방향으로 등 떠밀려 가는 삶……. 이렇게 허무한 삶을 살지 않으려면 지금부터라도 인생의 미션을 찾고 자율과 자립을 실천하며 살아야 한다.

° 마흔 살, 더 늦기 전에 인생의 미션을 찾아라.
그러기 위해서는 스스로 생각하고
주도적으로 행동해야 한다.

불과 얼마 전까지만 해도 일본 기업은 동종업계의 경우, 다른 회사와 비슷한 방식으로 일을 하는 경향이 있었다. 하지만 일본 기업이 글로벌 경쟁에서 부진을 겪게 되자 '다들 그렇게 하니까'라는 이유로 안이하게 일하는 것이 통하지 않게 되었다. 앞으로는 기업도 '우리는 어떻게 할 것인가'를 주도적으로 생각할 수 있는 인재를 요구할 것이다.

개인의 삶도 주도적으로 살기 위해 거듭나야 한다. 그 중심에 '자율'과 '자립'이 있다. 스스로 생각하고 판단하면 누가 시키지 않아도 스스로 행동하기 마련이다. 그리고 자신이 어떤 사람이고 무엇을 하고 싶은지 항상 질문해야 한다. 자신의 가치를 더 높일 방법을 생각하고 고민한다면 일을 하는 자세부터 달라진다. 그러면서도 회사원이 아닌 나로서의 미션을 찾는 일도 미루어서는 안 된다.

부하직원의 습관에 대해서도 고민하라

생활은 습관이
짜낸 천에 불과하다.
_헨리 프레데리크 아미엘

부하직원의 말에 먼저 귀를 기울이면
팀에 시너지가 생긴다

습관은 생활을 지배한다. 그러므로 평소 습관을 잘 관리하되 40대부터는 부하직원의 습관도 살펴야 한다. 스티븐 코비의 명저『성공하는 사람들의 7가지 습관』을 보면, '개인적 성공'을 위한 3가지 습관이 나와 있다. 바로 '자신의 삶을 주도하라', '끝을 생각하며 시작하라', '소중한 것부터 먼저 하라'이다. 이는 개인적 삶의 미션을 세우고 그것에 한발 더 다가가기 위해 갖추어야 할 중요한 습관이다.

이 책에서는 뒤이어 '공적 성공'을 위한 습관을 제시하고 있는데 나는 이 부분에 아주 큰 공감을 한다. 저자는 주변 사람을 둘러싼 '조직의 습관'이 개인의 습관보다 중요하다고 말하고 있다. 그 조직의 습관은 바로 '개인의 이익만이 아니라 상대(부하직원이나 고객)의 이익을 생각할 것, 자신을 알아봐 주길 바라기 전에 먼저 상대를 이해할 것, 조직의 시너지 효과를 만들어낼 것'이다. 이 3가지가 바로 리더가 갖추어야 할 습관이라는 것이다.

40대에 요구되는 것이 바로 이 '조직의 습관'이다. 자신뿐만 아니라 주위 사람들도 행복했으면 좋겠다고 생각하던 내게 스티븐 코비의 말은 중요한 지침이 되었다. 함께 일하는 동료와 부하직원을 배려하고 그들의 이야기를 먼저 듣고 이해하면 팀의 시너지는 높아질 수밖에 없다. 특히 부하직원과 일할 때는 우수한 사람을 중심으로 업무를 처리하는 것이 아니라, 일처리가 조금 더딘 사람이나 요령이 없는 사람에게 더 관심을 갖고 극진히 지도해야 한다.

그렇게 하면 지금까지 방치되었던 사람이 업무 요령을 터득함으로써 본래 우수했던 사람보다 더 높은 성장률을 보이게 되고, 팀 전체의 수준도 향상된다. 부하직원이 성장하고 자립하는 모습을 보는 것은 상사에게도 기쁜 일이다. 새로운 일을 맡길 때마다 조언하고 지시하는 것을 반복하는 것만큼 소모적인 일은 없다. 그보다는 일을 제대로 처리하는 좋은 습관을 갖게 해주자. 모두가 행복해지는 일이다.

'체험'을 반복하면 '경험'이 되고
'성장'으로 이어진다

나는 '체험'과 '경험'을 구분해서 생각한다. 한 번 해본 일은 '체험'에 지나지 않지만, 체험을 반복하면서 자신이 무엇을 배웠는지 생각할 수 있다면 그것은 '경험'이 된다. 나는 그것을 습관화하도록 지도하고 있는 사람을 만난 적이 있다.

2010년 일본 전국고교야구선수권대회에서 봄 시즌과 여름 시즌에 연이어 우승한 학교가 있었는데 바로 오키나와의 고난고등학교이다. 당시 봄 선발전에서 우승했을 때, 선수들의 인터뷰가 참으로 훌륭해서 기억에 오래 남아 있었다. 마침 한 파티에서 그 학교의 가키야 마사루(我喜屋優) 감독과 만나 이야기를 나눌 기회가 있었다. 이런저런 이야기를 나누다가 선수들의 인터뷰 실력이 좋은 이유에 대해 물어보았다. 그랬더니 감독은 뜻밖의 비결을 들려주었다.

"매일 연습 말미에 선수들에게 '1분 스피치'를 시킵니다."

나는 너무 의아해서 야구 경기에 대한 스피치냐고 되물었다.

"테마가 뭐든 상관없어요. 야구에 대한 이야기가 아니어도 되고요. 다만 매일 '오늘은 무슨 말을 할까'에 대해 고민하는 게 중요합니다. 그러면 자연스럽게 자신의 행동을 돌이켜보게 되거든요."

그 감독은 스피치를 잘하는 선수로 키우려던 것이 아니라, 자신의 머리로 '스스로 생각하는 인간'을 길러내고 있었던 것이다. 그것이야말로 자율·자립하는 인간을 육성하는 리더의 본보기다. 선수들은 그 경험을 반복하면서 자신을 되돌아보고 날마다 성장하는 삶을 사는 습관을 갖게 될 것이다.

모든 것은 자신에게 달려 있다. 자기 방식대로 삶을 살아나갈 수 있도록 충분한 상식과 경험을 쌓아나가자. 그런 습관을 들인 후라면 '자기 방식'대로 살아가는 것만큼 바람직한 것도 없다.

40대는 '말하기'보다 '듣기'의 중요성을 깨달아야 한다. 연장자가 되면 후배들에게 조언하려는 경향이 있는데, 비록 자신의 경험이나 지식이 풍부하다고 해도 상대가 의견을 구하기 전까지는 자신의 생각을 강요해서는 안 된다.

진정한 리더라면 부하직원의 부족한 부분을 메워주는 데 급급할 게 아니라, 그들이 스스로 판단하고 일할 수 있는 습관을 길러줘야 한다. 그래야 실패를 통해서는 교훈을, 성공을 통해서는 자신감을 얻을 수 있다. 조직원들이 좋은 습관을 가지는 것은 팀 시너지를 높이는 최선의 방법이다.

업무 능력만큼이나 교양도 중요하다

교양인이 될 때 비로소 우리는
행복의 길을 찾을 수 있게 된다.
_페터 비에리

회사 내에서의 평가는
어디까지나 업무 실적뿐이다

나는 다양한 사외 공부 모임에 꾸준히 참가해왔다. 하지만 모든 일은 '지나침'과 '치우침'을 경계해야 한다. 사외 활동에 열중하는 사람은 회사 내에서 인정받지 못하는 경우가 많다.

우리 회사의 공부 모임은 매년 우수한 과장이 회원으로 참가하도록 되어 있었다. 하지만 매회 출석하는 사람은 많지 않다. 모임과 업무 일정이 겹치면 업무를 우선할 수밖에 없다. 하지만 가끔 일정을 조정해서라도 모임에는 꼭 나오는 사람이 있다. 모임의 목적이 공부가 아니라 친목이기 때문이다.

유감스럽게도 그런 사람은 회사에서 성공하지 못하는 경우가 많다. 왜냐하면 회사에서는 사원을 업무로 평가하기 때문이다. 사외 활동을 열심히 하고 다른 직원에 비해 지식과 교양을 겸비하고 있다 해도 업무적 성과가 없다면 사내에서는 인정받을 수 없다. 적어도 일본의 회사에서는 업무와 직접적으로 관계없는 교양이나 지식은 출세에 그다지 도움이 안 되는 것이 현실이다. 물론 지식과 교양을 업무 능력과 결합시켜 성과를 낼 경우는 이야기가 다르다.

데구치 하루아키 회장은 마치 교양의 집합체 같은 인물이다. 역사와 문화에 조예가 깊고 관련 저작물도 많이 출간했다. 그의 저서에 이런 에피소드가 실려 있다. 그는 영국에서 일할 때 파트너사의 임원에게 "셰익스피어의 책은 모두 읽었습니다"라는 말 한마디로 '꽤 괜찮은 사람'이라는 이미지를 심어주었고 수월하게 업무 관계를 맺을 수 있었다는 것이다.

분명 데구치 회장처럼 교양 덕분에 업무 실적을 올리는 일도 있다. 그런 경우는 출세에도 긍정적으로 작용할 것이다. 하지만 회사 내에서 상사가 부하를 평가할 때는 어디까지나 업무 성과로 평가한다. 가장 객관적이기 때문이다.

인생의 풍요로움은
교양이 결정한다

제아무리 탁월한 교양을 겸비하고 있다 해도 업무 성과로 이어지지 않으면 인정받지 못한다. 즉 교양은 사내 출세에는 거의 고려되지 않는 요소이다. 이는 나의 솔직한 생각이다. 그런데도 내가 공부 모임에 계속 참가해온 이유는 무엇일까. '교양이 출세를 보장해주지는 못하지만 인생은 풍요롭게 해준다'고 생각했기 때문이다. 회사 업무만으로는 얻을 수 없는 배움이나 체험이 나의 가슴을 두근두근 뛰게 했다. 그 즐거움이 내 인생에 활력을 불어넣어 주었다.

데구치 회장이 퇴직한 후 새롭게 회사를 설립하고, 좋아하는 역사 관련 책을 저술한 것도 교양이 있었기에 가능한 일이다. 정년 후 아무 할 일 없는 나른한 인생보다는 데구치 회장처럼 활력 넘치는 인생을 사는 게 훨씬 더 행복하리라는 건 누가 보아도 자명한 일이다.

회사생활에 충실하되 배움을 멈추어서는 안 된다. 배움은 현재의 조건을 뛰어넘어 더 나은 삶으로 갈 수 있는 가장 안전한 길이다. 중요한 것은 배움을 통해 자신이 부족한 점이 무엇인지 깨달을 수 있다는 것이다. 현실의 삶을 잘 살기 위한 노력과 더불어 배우고 익히기를 게을리 하지 않는다면 분명 꿈꾸는 삶과 현실의 격차는 점차 좁혀질 것이다.

　°인생의 활력은 '교양'에서 비롯되고
끊임없이 배우고 익히는 습관은 일과 삶의 원동력이 된다.

교양이 업무 실적에는 별 도움이 안 된다고 말했지만, 최고 경영자가 되면 회사 업무만 잘해서는 안 된다. 조직의 비전을 제시하는 사람은 늘 깨어 있어야 하고 밖으로 열려 있어야 한다. 그래야 좀 더 멀리 내다볼 수 있다. 교류의 폭도 종전과는 달리 더 넓어진다. 사내 임직원들과는 회사 업무 이야기만 해도 되지만, 대외 모임에서는 공통된 화제 속에서 자유롭게 대화를 이어나가야 한다. 그러므로 경영자에게 교양은 중요한 덕목이다.

업무 상 필요한 것이 아니라도 배움과 체험을 멈추어서는 안 된다. 그것은 '어떻게 살고 싶은가'라는 질문에 대한 답을 찾아가는 과정이다. 물론 회사에서 출세해도 가슴은 뛴다. 하지만 그 성공이 언제까지나 이어지지는 않는다. 퇴사 후 인생에 생기는 공백을 메워주는 건 과거의 성공이 아니다. 꾸준한 배움이야말로 인생에 충실감을 안겨준다.

이직 가능한 스킬을 닦으면
이직할 필요가 없다

습관이란
인간으로 하여금
어떤 일이든 하게 만든다.
_표도르 도스토예프스키

불평불만에 의한 이직은
좋은 결과를 맺을 수 없다

"이 회사가 마지막 직장이라고 생각하지는 마."

나는 부하직원들에게 늘 이런 조언을 해왔다. 하지만 이는 이직을 권한 게 아니라, 어떤 회사에서도 통하는 스킬을 닦으라는 의미로 한 말이다. 실제로 안이한 생각으로 이직해서는 안 된다고 생각한다. 특히 '상사가 싫다', '회사의 분위기가 나와 맞지 않는다' 같은 불평불만에서 비롯된 이직은 80퍼센트쯤 실패한다. 나의 지인 중에도 이런 이유로 40대에 이직한 사람이 있었다. 하지만 옮겨간 직장에서도 적응이 쉽지 않았는지 몇 년마다 이직을 반복하다가 결국에는 소식이 끊기고 말았다.

어느 날 타 부서의 직원 한 명이 나를 찾아와서는 다른 업종으로 이직하고 싶다고 했다. 내가 그 이유를 묻자, 그는 이직하려는 회사와 업종이 지닌 좋은 면에 대해서 술술 이야기했다. 그러면서 지금의 회사에 대한 불평불만을 감추지 않았다. 나는 모든 것은 양면이 있으니 각각의 '다른 면'도 생각해보라고 권했지만 그는 이직했다. 하지만 그 회사에서도 그리 오래 일하지 않았다.

이처럼 이직에는 리스크가 따른다. 특히 40대 이후에는 신중하게 생각해야 한다. 연차가 높은 관리자급의 경우, 회사에서는 더 빨리 성과를 내길 바란다. 그만큼 종전 회사보다는 지위나 급여가 높아지겠지만, 막상 이직해보면 자신을 두 팔 벌려 반겨주며 적극적으로 협력해주는 이들이 많지 않다. 이직으로 잃는 것은 생각보다 크다.

회사를 그만두지 않고도 원하는 방식으로 일할 수 있다

물론 '꼭 도전해보고 싶은 일이 있다'는 긍정적인 동기와 각오가 있다면 나도 반대하지 않는다. 하지만 현재의 환경에 불평불만이 있는 경우라면, 이직 말고 직접 환경을 바꾸면 될 일이다. 20대나 30대라면 어려울지 몰라도 40대에 관리자가 되면 가능해진다.

과장은 현장의 최고 책임자다. 직속 상사인 부장은 현장에서 떨어져 있기 때문에 결과만 내면 거의 간섭하지 않는다. 따라서 업무 수행 방식을 비교적 자유롭게 결정할 수 있고, 직장 환경도 노력에 따라 얼마든지 바꿀 수 있다. 회사를 그만두는 게 능사가 아니다. 현재 환경 속에서도 새로운 일에 도전하는 방법을 찾으면 된다.

내가 경영기획실에서 일하고 있을 때 사내 벤처 모집을 한 적이 있었다. 당시 한 30대 사원이 'IT 사업을 하고 싶다'며 기획서를 냈다. 그의 기획서는 채택되어 사내 벤처 설립을 하게 되었다. 초창기에는 실패의 연속이었다. 하지만 그는 잠자는 시간도 아끼면서 일했고, 자신의 상여금까지 반납하면서 사업을 지속시키고자 노력했다. 결국 큰 성공을 거두었다.

생각의 프레임을 바꾸면 이렇게 이직하지 않아도 자신이 원하는 방식으로 일할 수 있다. 그렇게 되기 위해서는 역설적이지만, '언제 이직해도 좋을' 만큼의 스킬을 닦아야 한다. 회사에 의존하지 않고도 성공할 수 있을 만큼의 능력과 각오가 필요한 것이다.

° 회사를 그만두는 게 능사가 아니다.
현재 환경 속에서 새로운 일에 도전할 방법부터 찾아보자.

수년 전, 회사 후배가 '번역 일을 하고 싶다'며 회사를 그만
두었다. 그녀는 뛰어난 어학 실력을 갖고 있었는데 그 재능
을 살리고 싶다는 열정도 강했다. 나는 그녀가 회사 일에 얼
마나 최선을 다했었는지 잘 알기에 적극 찬성했다. 그 후 얼
마 지나지 않아 첫 번째 번역서를 냈고 지금까지도 순조롭게
일하고 있다. 이는 '발전적 이직'의 성공 사례라고 말할 수
있다.

이와 같이 자신이 가지고 있는 고유한 능력을 좀 더 적극적으
로 발휘하기 위한 이직이 아니라면, 40대 이후의 안이한 이직
은 피해야 한다. '상사와 잘 맞지 않는다' '야근이 너무 많아
개인 생활을 할 수 없다' 등과 같은 문제는 다른 직장에서도
맞닥뜨릴 가능성이 크다. 현재 환경이 싫다면 내가 바꿀 수 있
도록 노력해보자. 업무도 환경도 얼마든지 바꿀 수 있다.

업계의 미래를 예측하고 대비하라

새로운 것에 대한 선의
익숙하지 않은 것에 대한 호의를 가져라.
_프리드리히 니체

시대의 흐름을 쫓아가는 데 급급하면
도태되고 만다

타인에게 인생을 맡기지 않고, 주도적으로 살기 위해서는 미래를 예측하는 습관이 필요하다. 시대의 흐름을 따르기만 한다면 자신의 일은 물론 팀원과 가족도 지킬 수 없다.

내가 일했던 ㈜도레이는 일본을 대표하는 세계적인 화학 회사이다. 현재는 탄소섬유를 비롯한 화학 소재, 정보통신 분야 소재와 기기 등도 개발하고 있지만 그 시작은 섬유제조 회사였다.

섬유업계는 미래를 예측하는 일이 그 어떤 분야보다 중요했다. 일본 산업 중 가장 빨리 성숙기와 쇠퇴기를 맞았기 때문이다. 일본 내 시장이 한계점에 도달한 뒤로는 판매와 제조 거점을 해외에서 찾을 수밖에 없었다. 그렇다고 해서 무작정 아무 곳이나 찾아 옮길 수는 없다. 시장이 요구하는 비용 · 가격 · 품질의 균형을 따져야만 했다.

㈜도레이의 기술을 사용하는 이상, 중국에서 만들든 일본에서 만들든 품질에는 차이가 없다. 그런데 글로벌 시대의 차별화 포인트는 품질만이 아니라 비용도 중요하다. 그래서 나는 트렌드를 분석할 수 있는 각종 자료를 취합해서 10년 후 트렌드를 예측해보았다. 그리고 일단 값싸게 만들고 싶은 상품은 중국에서, 고부가가치 상품은 일본에서 제조를 분담한다는 해외 전략을 그려갔다.

미래 예측이
자신의 기반을 단단히 다져준다

당시 나는 그 경험을 인정받아 플라스틱 부문으로 옮겨갔고, 2년 동안 해외 12곳에 제조 거점을 신설했다. 1000억 엔이나 되는 설비 투자로 단기간에 그렇게 많은 공장을 세운 일은 ㈜도레이 사상 전무후무한 사례였다. 당시의 플라스틱 사업 규모가 1600억 엔 정도였기 때문에 상식적으로 말도 안 되는 액수의 투자였다. 경영진 내에서도 '정말 괜찮은 걸까?' 하는 우려의 목소리가 터져나왔다.

하지만 나는 이미 섬유 부문에서 쌓은 경험과 실적이 있었다. 게다가 '경쟁사보다 한발 빨리 공급 체제를 정돈한다면 큰 이익을 확보할 수 있다'고 설득할 수 있는 근거를 가지고 있었다.

그것은 미래 수요 예측이었다. 실제로 내가 세운 해외 거점은 곧 현지의 시장 수요에 부응하며 풀가동을 시작했다. 이렇게 결과가 나오자 경영진도 나를 신뢰하게 되었고 전폭적인 지지와 함께 일을 맡겨주었다.

나는 경영기획이나 관리 업무를 해왔기 때문에 과장이나 부장 때부터 경영자의 관점에서 업계나 회사를 생각하는 습관을 갖고 있었다. 어떤 일을 하든지 자신의 일과 업계의 미래에 대해 철저하게 고민해야 한다. 40대 이후 사내에서 펼쳐질 진짜 승부에서 살아남으려면 미리 이런 기반을 다져놓아야 한다. 미래를 예측하고 적절한 대비책을 내는 사람은 어디서나 환영받을 것이다.

° 자신의 머리와 경험으로 미래를 예측하는 습관을 길러라.
시대의 흐름을 따르기만 해서는 아무것도 지킬 수 없다.

미래를 예측할 때에도 자신의 머리로 생각하는 것이 중요하다. 과장 시절, 나는 당시 유행하던 경영 이론을 그대로 받아들여 사업 전략을 구상했다가 크게 실패한 아픈 경험이 있다. 이론도 중요하지만 최종적으로는 스스로 생각하고 결론 내려야 한다.

흔히 트렌드 분석을 미래 예측이라고 생각하는 이들이 있다. 물론 그 과정에서 앞으로 어떤 변화가 일어날지에 대한 단초를 발견할 수는 있다. 하지만 그것은 '흐름을 쫓아가기만 하는 것'에 불과하다. 40대는 스스로 '미래를 예측하는 힘'을 갖고 있어야 한다. 그러기 위해서는 30대부터 업계 동향과 회사의 미래 전략 등에 관심을 가져야 한다. 그래야 40대 이후 진정한 경쟁에서 살아남을 자신만의 스킬을 가질 수 있다. 철저한 분석을 통해 미래를 예측할 수 있는 사람은 어디를 가더라도 환영받는다.

전략이란 '싸움을 생략하다'라는 의미다.
즉 싸우지 않는 생존 방식을 택하자는 말이다.
그것은 '유연하게 산다'는 의미이기도 하다.
40대에는 불필요한 일과 관계는 정리해서
유연하게 사는 전략을 세워야 한다.

5장
/
전략적 사고
습관

하고 싶은 일이 있으면
과감히 지원하라

노력을 중단하는 것보다 더 위험한 것은 없다.
그것은 습관을 잃는 행위다.
습관은 버리기는 쉽지만 다시 들이기는 어렵다.
_빅토르 마리 위고

이직하지 않고도
원하는 일에 도전할 수 있다

앞서 소개한 사내 벤처 사례처럼 지금 있는 회사 내에서도
새로운 일에 도전할 기회는 얼마든지 만들 수 있다. 아이디
어가 뛰어나고 사업성이 좋다면 예산이나 인력을 지원하지
않을 회사는 없다. 이처럼 사내에서 새로운 사업을 시작하면
이직이나 독립하는 것보다 훨씬 위험 부담이 적다. 어디서건
적극적으로 나서지 않으면 아무것도 시작할 수 없다. 그 시
작을 굳이 다른 곳에서만 할 수 있다고 생각할 필요는 없지
않은가.

지인 중에도 이런 사례가 있다. 큰 규모의 인쇄 회사에 근
무하던 한 여성은 30대 중반 무렵 회사에 신규 사업을 제안
해 스스로 사장이 되었다. 그녀가 제안한 사업은 회사가 지

금까지 다루어왔던 인쇄 사업과는 전혀 다른 카드 사업이었다. 새로운 시장을 개척한 그녀는 3년 만에 사업을 궤도에 올렸고, 20년이 지난 지금까지도 순조롭게 실적을 내고 있다. 회사로서도 돈과 인력을 투자한 만큼의 수익은 충분히 얻었을 것이다.

일본에서는 대부분의 회사가 기존의 사업을 존속시키는 데 집중하면서 좀처럼 새로운 비즈니스를 만들어내지 못하고 있다. 따라서 회사로서는 사원이 적극적으로 새로운 기획이나 아이디어를 내주는 것은 고마운 일이다.

기다리기만 해서는
기회를 잡을 수 없다

40대에 순조롭게 출세 가도를 달리는 사람은 하고 싶은 일이 있어도 선뜻 새롭게 시작할 수 없다. 특히 한 부문에서만 일하던 스페셜리스트일수록 더욱 그렇다. 하지만 회사생활은 자신의 뜻대로만 되지 않는 법이다.

나도 동기 중에서 가장 먼저 이사가 되면서 내심 전무나 부사장까지 기대하고 있었지만 자회사로 좌천된 적이 있다. 그때 잠시 갈등을 겪었는데 다행스럽게도 회사 업무 외에 하고 싶은 일이 있었다. 바로 책을 쓰는 일이었다.

물론 그저 기다리기만 해서는 출판 기회가 오지 않는다. 그래서 한 기업에서 강연했던 내용을 담은 녹음 파일을 출판사 편집자에게 직접 건네주고 의견을 구했다. 강연 파일을 청취한 편집자는 흔쾌히 출간을 약속했다. 만약 내가 기회가 오기만을 기다렸다면 출판의 꿈은 이루어지지 않았을 것이다. 직접 적극적으로 움직였기 때문에 비로소 기회를 잡은 것이다.

게다가 책을 한 권 쓰고 나니 연이어 새로운 의뢰가 날아들었다. 처음에 쓴 책은 가족 이야기였는데, 그 다음에는 업무술에 대해서 써달라는 부탁을 받았고 이어 '리더론'이나 '논어'를 테마로 한 책의 집필을 의뢰받았다. 나도 그런 테마로 책을 쓰게 될 줄은 꿈에도 몰랐다. 이 모든 기회는 내가 스스로 '첫 물꼬'를 텄기 때문이다.

회사생활에 불만이 생기고 일이 원하지 않는 방향으로 흘러갈 때는 가장 먼저 이직을 고민하는데 그것만이 답은 아니다. 평소에 하는 일 속에서도 새로운 가능성을 발견할 수 있다. 우선 자신이 하고 싶은 일이 무엇인지 구체적으로 찾자. 그리고 전략을 세워서 직접 움직이면 새로운 가능성은 연이어 열릴 것이다. 그것이 인생의 선택지를 늘리는 가장 확실한 방법이다.

° 기다리기만 하는 자에게는 기회가 오지 않는다.
내가 먼저 '첫 물꼬'를 터야 새로운 기회도 찾아든다.

건강한 회사일수록 사원이 의견을 편하게 내는 환경이 조성
되어 있다. 가구를 비롯한 일상용품을 제조 판매하는 ㈜아이
리스오야마에서는 매주 월요일, 사원이 사장 앞에서 신상품
개발에 대한 프레젠테이션을 한다. 이 회사가 계속해서 히트
상품을 만들어내는 비결이 바로 여기에 있지 않을까.

회사원의 인생은 늘 순풍에 돛을 단 듯 흘러가지 않는다. 누
구나 힘든 고비를 만나게 되고 그때마다 이직을 고민한다.
하지만 확실한 계획이 없다면 우선 사내 벤처를 제안해보자.
사원이 적극적으로 사업 아이디어를 제안한다면 회사로서도
고마운 일이다. 이는 자신의 가능성을 넓히고 새로운 일에
도전하기 위한 가장 현명한 선택이다.

불필요한 일은 싹둑 잘라내라

습관은 제2의 천성으로
제1의 천성을 파괴한다.
_블레즈 파스칼

'안 해도 될 일'은
과감히 버려라

40대 직장인 중에는 '바쁘다', '시간이 없다'는 말을 입버릇처럼 달고 사는 이들이 있다. 그들에게 '실무는 부하직원에게 맡기라'고 조언하면 '제대로 된 성과가 나오지 않는다', '인원을 감축당해서 내가 할 수밖에 없다'고 반론한다. 하지만 이는 '시간이 없다'는 문제의 원인이 아니다. 업무가 바빠진 원인은 본인이 '하지 않아도 될 일'을 하고 있기 때문이다.

대부분의 직장인은 상사에게 지시를 받거나 전임자로부터 인수받은 일을 생각 없이 그대로 하려고 한다. 하지만 거기에는 반드시 불필요한 부분이 존재한다. 그 부분을 찾아내서 자꾸 버려야만 업무에 쫓기는 일상에서 벗어날 수 있다.

나는 회사 재직 당시에 적자 부서와 그 관련 거래처를 몇 차례 재건한 적이 있는데, 그 일이 가능했던 이유는 철저하게 불필요한 부분을 버렸기 때문이다. 도산 위기에 처한 거래처에 발령받았을 때 제일 먼저 채산이 안 맞는 사업이나 가치가 적은 일을 없앴다.

영업 과장이 되었을 때도 종래의 업무 방식을 재고하면서 일을 줄였다. 그전까지는 간단한 미팅 건인데도 직원들이 굳이 지방까지 출장을 갔다. 나는 그런 출장을 중지시키고, 대신 매주 같은 요일 같은 시간에 고객에게 전화로 정기 연락을 하도록 지시했다. 그렇게 불필요한 출장을 없애자 부서 전체의 업무량도 줄어 영업 스태프를 30퍼센트 정도나 인력이 부족한 타 부서로 이동시킬 수 있었다.

당시 영업부의 부장은 "사람을 늘려달라는 말은 들었지만, 줄여달라는 말은 처음이네" 하며 놀라워했다. 그 비결은 다른 과장들이 '안 해도 되는 일'을 찾으려고 하지 않은 반면 나는 제일 먼저 그것을 찾아냈기 때문이다.

인생의 미션이 명확하면
정보도 쉽게 취사선택할 수 있다

'주도적으로 산다'는 것은 스스로 모든 것을 취사선택할 수 있다는 뜻도 된다. 회사 일이든 개인적인 일이든 많은 일을 무작정 그대로 하려는 것은 자립적인 성인의 태도가 아니다. 오늘날은 내가 직장생활을 할 때와 비교하면 정보량이 훨씬 많아졌다. 비즈니스나 삶의 방식에 관한 책도 많이 나와 있다. 하지만 사람들은 대부분 책을 읽기만 하고, 실행에 옮기지 않는다. '좋은 말이네' 하고 감탄만 할 뿐 책을 덮으면 다시 원래의 삶으로 돌아간다.

수많은 책과 정보를 접하지만 왜 사람은 달라지지 않을까. 그 이유는 '나는 이런 인생을 살고 싶다'는 인생의 미션이 없기 때문이다. 만약 미션이 분명하다면 그것을 달성하기 위해 '무엇을 할 것인가'라는 세부 계획을 명확히 세울 수 있다. 그 다음에는 필요한 정보를 취사선택해서 구체적인 행동에 반영할 수 있다. 자립한 사람은 자신에게 소중한 것을 취하고, 불필요한 것은 버리는 습관이 일상에 자연스럽게 배어 있다.

공자는 자유와 자립에 대해 이런 가르침을 남겼다. "나는 열다섯 살에 배우려는 동기를 가졌고, 서른 살에 제자리를 찾았으며, 마흔 살에는 가지 못하는 길과 갈 수 있는 길을 두고 헷갈리지 않았고, 쉰 살에 하늘의 명령을 깨달았고, 예순 살에 어떤 소리에서도 합리적인 요소를 찾았고, 일흔 살에는 마음이 하고 싶은 대로 따라가도 기준을 넘지 않지 않았다."

40대에는 '가지 못하는 길과 갈 수 있는 길'을 분별할 줄 알아야 한다. 이는 인생의 미션이 분명해야 가능한 일이다. 바쁜 일과를 반복하면서 정작 가장 중요한 것을 외면하고 있지는 않은가. 지금부터라도 나는 어떤 인생을 살고 싶은지 고민해보자.

일본인은 서로 얼굴을 마주하고 이야기하는 경향이 있다. 심지어 나는 강연 전 사전 미팅을 위해 무려 5명과 만난 적도 있다. 전화나 메일로도 충분히 상의할 수 있는 내용이었다. 그런 일 때문에 5명이 와서 1시간이나 회의를 했으니 엄청난 낭비를 한 것이다. 나는 이런 불필요한 미팅을 줄이기 위해 관습을 바꾸는 노력을 계속했다.

일을 잘하는 사람은 '중요한 것과 중요하지 않은 것'을 취사선택해 시간과 노력을 분배할 줄 안다. 그만큼 주도적인 삶을 살고 있는 것이다. 하지만 의존적인 사람은 누군가의 지시를 기다리고 주어진 일만 하려고 한다. 자신의 일과 삶에서 중요한 게 무엇인지 모르기 때문에 반복되는 일상 속에서 허덕이기만 한다. 불필요한 수고를 없애기 위해 중요한 일을 가려내는 습관부터 기르자.

절대로 무작정 열심히 할 필요는 없다

같은 방법과 습관을 반복하면서
다른 결과를 기대하는 사람은 정신병자다.
_아리스토텔레스

'싸우지 않는 생존 방식'으로 승부하라

불필요한 것을 버린다는 것은 결국 '유연하게 산다'는 뜻이다. 사회생활 초창기는 주어진 업무에 필사적으로 매달려 무작정 열심히 일해도 좋은 시기다. 하지만 30대 중반이 지나는 시점부터는 축적된 지식이나 경험으로 일해야 한다. 체력이나 기력으로 승부하는 것이 아니라, 머리를 써서 현명하고 유연하게 살아야 한다는 의미다.

유연하게 산다는 것은 '전략적으로 사는 것'이라고 바꾸어 말할 수 있다. 전략이란 '싸움을 생략하다'라는 의미이다. 즉 싸우지 않는 생존 방식을 택하자는 말이다. 일본 전국시대 최고의 무장인 모리 모토나리(毛利元就)는 탁월한 전략가로도 유명하다. 패배할 게 분명한 싸움은 아예 하지 않았기 때문이다.

이것은 오늘날 우리에게도 중요한 가르침을 준다. 무익한 일에 힘을 허비하지 않고 '바로 이거다!' 하는 승부처를 찾아 내어, 그것만큼은 반드시 쟁취한다는 마음으로 역량을 집중해 지혜를 짜내는 것이 진정한 승부라는 것이다.

사회생활을 통해 경험이 쌓이면 자신의 능력이 어느 정도인지도 파악할 수 있다. 무조건 포기하지 않고 밀어붙이는 것만이 능사가 아니다. 자신의 역량을 벗어난 일에 매달리는 것은 화를 자초할 가능성이 높다. 나뿐만 아니라 팀과 회사의 희생까지 감내해야 한다. 그러므로 싸우기 전에 전략적인 판단을 해야 한다.

인간관계나 여가 활용도
전략적으로 접근하자

골프 이야기를 해보자. 골프는 자주 친다고 해서 실력이 늘지 않는다. 또 매주 골프장에 가면 휴일 하루가 몽땅 날아가 다른 일을 할 수가 없다. 골프도 전략이 필요하다. 나는 과장이 될 때까지 골프를 친 적이 없었다. 하지만 관리자가 되고 나서는 섬유업계가 모이는 골프대회에 참가해야만 했다. 그

때 나는 '업계 내에서 존재감을 심어주기 위해서라도 이 대회는 꼭 이겨야겠다'고 결심하고는 집 근처 골프장에서 매일 아침 6시에 골프 연습을 했다.

업무가 바쁠 때는 연습 시간을 확보하기도 힘들었지만 '이 시합만큼은 꼭 이긴다'는 마음가짐으로 면밀하게 연습 계획을 세워서 전략적으로 훈련했다. 그 결과 초보자였던 나는 대회에서 우승했고, 부서를 이동할 때 열린 송별 골프대회에서도 우승했다. 그랜드슬램을 달성한 것이다.

경영기획실로 옮긴 후에는 임원들이 참가하는 골프대회에 참여할 기회가 있었다. 그 대회에서 우승하는 것은 회사 내에서는 대단한 명예였다. 그래서 나는 대회가 열리는 골프장을 상상하며 우승하기 위해 연습을 반복했다. 그리고 임원 대회에 참가한 지 불과 2회 만에 우승 트로피를 거머쥐었다. 이 일은 다른 임원들에게도 대단히 큰 인상을 남겼다.

40대가 되면 업무뿐만 아니라 사람과의 만남이나 여가를 보내는 방법에도 전략이 필요하다. 자신의 인생에서 정말로 유의미한 일이라면 모든 힘을 쏟아야겠지만, 그렇지 않은 일이나 관계라면 지나치게 관심을 쏟을 필요가 없다. 그것이 유연하게 사는 방법이다.

° 40대는 싸우지 않는 생존 방식으로 승부해야 한다.
그것은 바로 '유연하게 산다'는 의미이다.

'바쁘다'는 말을 입에 달고 살면서도 각종 친목회나 모임에는 꼭 얼굴을 내미는 사람이 있다. 그래야만 자신의 가치가 높아진다고 생각하기 때문이다. 하지만 그런 사교 모임에도 선택과 집중이 필요하다. 술자리 한 번 참석할 때도 '꼭 가야 할 곳인지' 스스로 판단하는 습관을 들이길 바란다.

40대는 '무작정' 하지 말고, '전략적'으로 해야 한다. 그것이 바로 '유연하게' 사는 것이다. 불필요한 일이나 경쟁에 힘 빼지 말고, 가장 중요한 승부처를 가려내어 지혜와 생각을 짜내야 한다. 사적인 일도 마찬가지다. 자신의 존재감을 제대로 발휘할 수 있는 일에 시간과 역량을 집중하라는 의미다.

숫자 감각을 익히면
업무의 질이 높아진다

경제학을 하면서
수학적 훈련을 게을리 하면
판단력과 직관력이 쇠퇴한다.
_존 케네스

관리자가 되려면
회계 지식이 꼭 필요하다

나는 40대 초반부터 독학으로 회계 공부를 했다. 관리회계나 재무회계를 대략 익힌 후 회사의 자금 흐름과 예산·결산 구조를 머릿속에 넣어두었다. 관리자가 되어 리더로서 사업을 이끌어가려면, 숫자를 읽는 기본적인 지식이 필요하다고 생각했기 때문이다.

어느 한 사업 부문의 운영을 맡는 일은 하나의 회사를 경영하는 것과 다름없다. 돈과 숫자에 대한 감각이 부족하면 절대 경영인이 될 수 없다. 나는 회사생활을 하면서 늘 숫자에 강하다는 자부심이 있었다. 업무와 관련된 중요한 숫자는 항상 수첩에 메모하는 습관이 있었기 때문이다. 예를 들어 소속 사업부의 매출과 이익 추이라든가 주요 품종의 가격과

원가, 담당 사업의 시장 규모, 경쟁사의 시장 점유율 같은 숫자에 민감했다.

비단 숫자만이 아니라, 무슨 일이든 기록하면 거의 외우는 편이었다. 이동하거나 대기하는 등의 틈새 시간을 이용하여 반복해서 수첩을 보고, 업무와 관련된 중요한 숫자는 모두 암기했다.

상사와 고객은
숫자에 강한 사람을 신뢰한다

회사생활을 하면서 숫자에 강하면 어떤 장점이 있을까. 우선 업무 속도가 훨씬 빨라진다. 그리고 상사나 고객을 설득할 때도 용이하다. 구체적인 숫자를 제시하면 상대가 쉽게 이해하고 신뢰도 높아진다.

예를 들어, '올해 매출은 전년 대비 20퍼센트 증가를 목표로 한다'라고 말하는 것보다 '작년 매출액은 1500억 엔이었는데, 올해 매출 목표는 1800억 엔으로 잡혔다'고 설명하면 듣는 사람도 회사의 매출 규모를 쉽게 파악할 수 있다. '20퍼센트 증가'라는 애매한 표현보다는 '1500억 엔', '1800억 엔'이라는 구체적인 숫자로 설명하면, 듣는 사람 역시 자신의 경험이나 감각을 기준으로 '지금 상태라면 300억 엔 증가도 가능하지 않을까' 하는 판단을 금방 내릴 수 있다.

이처럼 구체적인 숫자로 명확하게 설명하면 상대방이 쉽게 이해하고 의사 결정도 빨리 내릴 수 있다. 특히 경영진들과의 회의에서 이런 식으로 보고하면 회의 시간도 단축되고 담당 업무도 신속하게 추진할 수 있다. 그래서 상사는 숫자에 강한 부하직원의 말을 더 신뢰하는 것이다.

"영업1과의 매출이 어느 정도였지?"라는 질문을 받았을 때 "아, 지금 확인하겠습니다"라고 대답하는 부하직원보다는 "작년 매출은 2억 1천만 엔입니다. 참고로, 영업2과는 1억 6천만 엔입니다"라고 즉시 대답하는 부하직원이 더 믿음직해 보이는 것은 당연하다. 거래처나 고객도 마찬가지다.

그런 차원에서도 업무상 중요한 숫자는 항상 머릿속에 넣어두고, 경영상 어떤 의미를 갖는지 이해해두길 바란다. 이것이 40대 이후, 업무의 질과 속도를 높이는 중요한 힘이다.

° 상사와 고객을 설득하기 위해서는 신뢰를 얻어야 하고
신뢰받기 위해서는 숫자로 설명하는 습관을 길러야 한다.

숫자를 외우다보면 숫자로 생각하는 습관도 생긴다. '원유 가격은 하락했는데, 왜 원유로 만들어진 재료 가격은 내리지 않는 걸까?' 하는 의문이 드는 것이다. 업무상의 내용을 수치화해서 생각하면, 이를 사업 전략이나 업무 개혁으로 연계하기도 쉽다. 무엇보다 경영진의 빠른 의사결정을 도와서 믿을 만한 인재라는 평가를 받게 된다.

돈과 숫자에 관한 지식은 일의 속도와 질을 높이는 기초 체력이다. 특히 상대방을 설득할 때 숫자로 근거를 제시하면 신뢰감을 주어 빠르게 결론에 이를 수 있다. 즉, 일을 부드럽게 처리하는 최선의 방법 중 하나이다. 평소에도 숫자로 생각하고 말하는 습관을 갖자. 객관적 데이터를 숙지해서 업무의 질을 높이면 상사와 고객의 신뢰를 얻을 수 있다.

한비자는 군주를 세 가지 등급으로 나누었다.
'자신의 능력을 사용하는 자는 하군'이고,
'남의 힘을 사용하는 자는 중군'이며,
상군은 '남의 능력을 사용한다'고 했다.
즉 부하직원의 능력을 잘 활용할 줄 알고
충성심을 끌어내는 이가 최고의 리더이다.

6장
/
자기 성장
습관

회사 안에서 인정받는 것이 우선이다

총명함은 모든 것에 유용하지만
아무것에도 충분하지는 않다.
_앙리 프레데릭 아미엘

사내 협력이 없으면
리더로서 성과를 낼 수 없다

40대가 되면 회사 내 관계를 공고히 하는 것이 업무만큼 중요해진다. 20대나 30대는 자신의 성장을 첫 번째 목표로 세워도 상관없다. 특히 영업처럼 대외 업무를 하고 있다면, 고객에게 인정받고 매출을 올리는 데 집중해야 한다. 그런 경우라면 아무래도 외부에서 활동하며 발휘하는 힘을 기르기 위해 애쓰게 된다. 하지만 관리자가 될 시기가 오면 관심과 역량을 회사 내부로 돌려야 한다. 관계사의 평가가 높다 해도 그것이 승급이나 승진에 가장 중요한 영향을 미치지는 않는다.

리더로 발탁되기 위해서는 사내 평가가 중요하다. 특히 상사의 평가는 무엇보다도 결정적인 역할을 한다. 자신의 처우를 결정하거나 보직을 이동시킬 수 있는 사람은 관계사가 아니라 사내의 상사라는 점을 잊어서는 안 된다.

또한 관리직에 오른 후에도 사내의 협력이 없으면 성과를 낼 수 없다. 30대까지는 자신의 성과만을 위해 일해도 되기 때문에 혼자 힘으로도 승부를 볼 수 있다. 하지만 리더로서 타인을 움직이고 팀 전체가 결과를 내기 위해서는 사내에서 영향력을 발휘해야만 한다. 즉 사내에서의 입지가 공고해야 사외 경쟁에서도 이길 수 있다.

사내의 아군을 늘리기 위해
사전 교섭에 힘쓰자

나는 일찍부터 사내 입지를 굳건히 하는 게 중요하다는 것을 깨달았다. 그것은 주로 기획·관리 부문을 두루 경험했기에 가능한 일이다. 영업은 외부 고객과의 업무가 중심이지만, 내가 담당한 업무는 사내 경영진이나 상사를 상대로 기획안을 제안하는 일이었다. 그렇기 때문에 평소 윗사람들과 긴밀히 커뮤니케이션하는 데 신경을 썼다. 그중에서도 더 힘을 쏟은 부분이 회의 전 준비와 사전 교섭이었다.

중간 관리자는 경영 회의에 직접 참여할 수가 없다. 그래서 나는 평상시 상무나 전무에게 찾아가 다음 회의에 상정될 안건을 내놓고 "제가 이 제안서를 작성하면서 주안점을 둔 부분은……" 하면서 나의 의견을 전달하려고 노력했다. 그리고 상대가 내 이야기에 흥미를 보일 때는 "회의장에서 의견을 발언해줄 수 있을까요?"라고 부탁했다. 이런 로비 활동으로 나는 사내에 아군을 늘려갔다.

여러분의 회사에도 분명 '왠지 나와 의견이 잘 맞는 것 같아. 잘 통해' 하고 느껴지는 상사나 동료가 있을 것이다. 그것은 남이 보지 않는 곳에서 착실히 자신의 입지를 다지고 있다는 증거이다. 사내에서 나와 공통의 관심사를 갖고 있거나 상호 원원할 수 있는 상사와의 유대를 강화하자.

나에게 그런 호감을 보이는 부하직원이 있다면 그 역시 열린 마음으로 대하자. 이처럼 사내에 아군을 늘려나가는 것은 40대 이후 직장생활에 큰 버팀목이 되어주고 입지를 탄탄하게 해줄 것이다.

° 최고의 리더는 부하직원의 능력을 잘 활용할 줄 알고
충성심을 끌어낼 수 있는 자이다.

나는 사내 회의 때 내 의견이 관철될 수 있도록 남다른 노력을 기울였다. 그중 하나가 자료를 작성할 때 반드시 요점만 알기 쉽게 축약해서 정리했다. 다른 직원들이 20~30장의 자료를 제출할 때, 나는 5장 이내로 정리했다. 그래서 사내에서는 '사사키가 만드는 제안서는 회의에서 쉽게 통과된다'는 평판을 받곤 했다.

아울러 사내에서의 영향력 강화를 위해 애썼다. 그 누구보다 일찍 그 점을 깨달았다. 부하직원들을 배려하는 것도 중요하지만, 인사나 회의의 내용을 결정하는 상사에 대한 사전 교섭도 잊지 않았다. 평소 윗사람과 긴밀하게 대화하면 사내의 다양한 장소와 상황에서 암묵적으로 서로 통하는 관계가 된다. 사내에서의 영향력이 강해야 부하직원들도 움직일 수 있고, 밖에서도 경쟁력을 가질 수 있다.

능력보다 호불호에서
갈린다는 것을 유념하라

누군가와 서로 공감할 때
사람과 사람의 관계는 보다 깊어질 수 있다.
_오쇼 라즈니쉬

제대로 아부하려면
상대의 장점을 찾아 칭찬해야 한다

직장인이라면 누구나 상사에게 인정받고 싶어 한다. 나는 거기에서 더 나아가 상사를 아군으로 만들어야 한다고 생각한다. 그러기 위해서는 '사랑받는 부하'가 되어야 한다. 술을 좋아하는 상사라면, 술자리에 부를 때마다 '좋습니다!'라고 기꺼이 답하는 부하가 예쁠 것이다. 나의 후배 중에 이 요령을 잘 활용하는 직원이 있었다.

직속 상사가 회의에 참석하는 날에는 절대로 먼저 퇴근하지 않고 밤늦게까지 아무도 없는 사무실에 남아 있다가, 상사가 회의를 마치고 돌아오면 "수고하셨습니다! 한 잔 하러 갈까요?" 하며 맞아주었다. 회의로 녹초가 되어 배고픔도 참고 있던 차에 이렇게 말해주는 부하직원이 있다면 어느 상사가 기쁘지 않겠는가.

'요즘도 아부가 통할까? 너무 진부하지 않나?'라고 생각할지도 모른다. 하지만 적절한 아부는 상사를 아군으로 만드는 정당한 수단이자 불변의 처세술이다. 그런데 아부도 잘해야 한다. 그렇지 않으면 오히려 독이 된다. 아부를 제대로 하려면 상대를 잘 관찰하고 그의 좋은 점을 찾아 칭찬해야 한다. 노래를 못하는 상사에게 "2차로 가라오케 가실래요?"라고 한다면 함께 가고 싶을까?

상대의 성향이나 상황을 고려하지 않은 아부는 기분을 상하게 할 뿐이다. 비록 자신과 성격이 맞지 않는 상사라 해도 결점만 보지 말고, 장점을 찾는 것이 중요하다. 그러면 상사를 존경하는 마음이 자연스럽게 행동으로 나타나게 되고, 상사도 그런 직원에게는 호감을 갖게 된다.

잘 맞지 않는 상사라도
성실하게 보고하면 신뢰를 얻는다

상사의 눈에 들기 위한 또 한 가지 팁이 있다. 그것은 보고를 게을리하지 않는 것이다. 상사가 믿을 수 있는 사람은 현재 무슨 일이 일어나고 있는지, 혹은 앞으로 어떤 일이 일어날 것인지를 낱낱이 알려주는 부하다. 상사의 입장에서는 갑자기 실수나 문제를 보고 받는 것만큼 못마땅한 일은 없다. 상사는 자신도 모르게 일을 벌여서 놀라게 하는 부하직원을 가장 싫어한다.

만약 사전에 "부장님, 이번 달에 매출을 달성하지 못할 것에 대비해서 이런 대책을 세웠습니다"라고 보고한다면, 실제로 매출 달성이 안 되더라도 상사는 '이미 손을 써놓았다니 다행이군' 하며 안심할 수 있다. 그리고 자연스럽게 그 직원을 신뢰하게 될 것이다.

내가 플라스틱 부문으로 이동했을 당시, 직속 상사는 처음에 나와 말도 하지 않았다. 섬유 부문에서 온 내가 그에게는 외지 사람이었기 때문이다. 하지만 나는 기죽지 않았다. 부지런히 상사를 찾아가 현장 상황을 보고했다. 특히 상사가 불안해할 만한 안건은 더욱 정중하고 조심스럽게 나의 의사를 전달했다. 그렇게 착실히 노력한 결과, 3개월 정도가 지날 즈음 처음으로 나를 술자리에 초대해주었다. 그 이후 우리의 관계는 크게 달라졌고, 상사는 나를 절대적으로 신뢰하게 되었다.

인간관계는 호불호에 따라 갈린다. 내가 아무리 탁월한 능력과 장점을 가지고 있다 해도 그것을 인정해주고 인간적으로 호감을 가져주는 사람이 없으면 발휘할 기회를 갖기 어렵다. 특히 조직사회에서는 더욱 그렇다. 그래서 상사를 아군으로 만들기 위해서는 인간적인 호감을 얻기 위한 노력이 필요하다. 그 호감은 결국 암묵적인 지지로 이어지기 때문이다.

회사원 중에는 '이렇게 열심히 일하고 있으니 상사가 알아서 챙겨주겠지'라며 묵묵히 일만 하는 이들이 있다. 하지만 그것만큼 어리석은 태도도 없다. 회사에서는 우직하게 일만 해서는 안 된다. 상사를 제대로 '이용'할 줄도 알아야 한다. 즉 상사와 적극적이고도 적절하게 커뮤니케이션을 하면서 일하라는 의미이다.

상사를 내편으로 만드는 커뮤니케이션 방법은 의외로 간단하다. 상사에게 '사전에, 상세하게' 보고하는 습관만 갖고 있어도 된다. 이는 상사의 기분을 살피고 술자리에 빠지지 않는 것보다 더 큰 신뢰를 얻을 수 있다. 상사가 나와 잘 맞지 않는다 해도 착실하게 꾸준히 진심으로 대한다면 언젠가는 내편이 되어준다. 그래서 피터 드러커는 이렇게 말했다. "모든 부하들은 좋은 소식으로든, 나쁜 소식으로든 상사를 놀라게 해선 안 된다." 평소에 열심히 보고하고 상의하라는 말이다.

타 부서 직원이
부러워하는 팀장이 되자

어떤 군주가 총명한지 보려면
먼저 군주의 측근들을 보면 된다.
_ 니콜로 마키아벨리

부하직원의 승진을 위한 준비는
1년 전부터 시작하라

사내에서 입지를 다지려면 상사만 아군으로 만들어서는 안 된다. 부하직원도 내 편으로 만들어야 한다. 한비자는 군주를 세 가지 등급으로 나누었는데 '자신의 능력을 사용하는 자는 하군'이고, '남의 힘을 사용하는 자는 중군'이며, 상군은 '남의 능력을 사용한다'고 했다. 즉 부하직원의 능력을 잘 활용할 줄 알고 충성심을 끌어내는 이가 최고의 리더라는 말이다.

　부하직원의 신뢰를 얻기 위해서는 무엇이 중요할까. 바로 그들의 승진에 힘을 쏟는 것이다. 부하직원들의 최대 관심사는 자신의 승진이다. 그러므로 제대로 된 성과를 낸 이들에게는 승진으로 보답해야 한다. 그렇지 않으면 '자신을 정당하게 평가해주지 않는' 상사라고 생각하며 불만을 품게 될 것이다.

나는 부하직원의 승진을 위해 항상 1년 전부터 준비를 했다. 대부분의 상사는 승진 신청을 하고 나서부터 물밑 교섭을 시작한다. 하지만 그때는 이미 경영진이나 인사부에서 어느 정도 순위 매김을 끝낸 상태이기 때문에 뒷북이 되는 경우가 대부분이다. 그래서 나는 1년 전부터 기회가 있을 때마다 상사나 인사부에 승진 대상자인 나의 부하직원이 얼마나 유능한지에 대해 어필했다.

임원 회의에서는 해당 직원에게 프레젠테이션을 맡기기도 했다. 그때는 나도 함께 발표 준비를 도와서 최선의 결과물을 끌어내도록 했다. 프레젠테이션이 끝난 후에는 해당 직원의 우수함에 대해 임원들에게 다시 한 번 어필했다. 거기에서 그치지 않고 인사부와도 적극적으로 커뮤니케이션해서 승진할 수 있도록 만반의 준비를 했다.

본래 임원이나 인사부 담당자는 직원들이 현장에서 어느 정도의 성과를 내는지 잘 모른다. 사원을 가장 잘 알고 있는 사람은 그의 직속 상관이다. 따라서 해당 부서의 관리자가 자신감을 갖고 "○○씨는 우수합니다"라고 말하면 특별한 결격사유가 없는 한 승진할 가능성이 높다.

타 부서 사람들이
부러워하는 상사가 되라

나는 평소에는 엄격한 업무 결과를 요구하지만, 승진 시즌이
되면 부하직원의 근무 성적을 관대하게 평가하는 편이다. 이
역시 부하직원의 승진을 위한 배려이다. 이런 노력 덕분에
우리 팀원들은 상대적으로 수월하게 승진할 수 있었다.

어느 날 한 부하직원이 기쁜 표정으로 나에게 이렇게 말
해준 일이 있었다. "부장님, 제 동기가 '나도 사사키 부장님
의 직원이 되고 싶어. 질투가 나네'라며 부러워했습니다." 윗
사람에게 인정받는 것만큼 부하직원의 충성심을 얻는 것도
중요하다.

조직이 커질수록 리더 혼자 할 수 있는 일은 적어진다. 자
신을 믿고 따르며 최선을 다하는 조직원들이 있어야 나도 인
정받을 수 있다. 그러니 부하직원들과 정신적 유대뿐 아니라
그들의 승진을 위해서 애써야 한다.

타인의 마음을 장악하고 싶다면 그가 원하는 것을 이루어
주기 위해 노력하는 것이 얼마나 중요한 일인지 알아야 한
다. 회사 내에서 부하직원들에게 좋은 평판을 얻으면 타 부
서에 가서도 환영받는다. 그래서 나는 어느 부서로 가든 비

교적 일하기가 수월했다.

　40대가 되면, 자신의 가치를 높이는 것 이상으로 부하직원의 승진에 철저히 대비해야 한다. 관리자에게 그들의 승진은 최우선적 과제이다.

사람은 마음만으로 움직이지 않는다. 나에게 실질적인 이익
이 있어야 더 적극적으로 일하고 상대에게 헌신한다. 조직
내에서도 충성심을 끌어내기 위해서는 리더의 성공이 곧 나
의 성공이라는 것을 실질적인 보상으로 보여줘야 한다. 이는
직장인이라면 누구나 공감할 것이다. 정신적 유대만으로 지
속되고 발전할 수 있는 관계는 없지 않은가.

부하직원을 내 사람으로 만드는 첫 번째 방법은 그들의 승진
에 전력을 다하는 것이다. 그래서 평가 점수는 현재의 성과
에다 미래의 가능성까지 더해서 후하게 주어야 한다. 그렇게
조기에 승진시키면 직원 스스로 그에 부응하는 노력을 한다.
'지위가 사람을 만든다'는 말처럼, 책임 있는 자리에 있으면
누구나 그에 합당한 성과를 내기 위해 최선을 다하게 된다.
그래서 승진은 부하직원을 성장시키고 조직 전체의 수준도
끌어올린다.

한 단계 높은 관점에서
바라보는 습관을 가져라

습관은
인간 생활의
위대한 안내자이다.
_데이비드 흄

타 부서는 '이익'이라는
공통의 언어로 조율하라

일을 하다보면 타 부서의 협력을 구하는 일이 좀처럼 쉽지 않다. 이는 부서 간 이익이 정면으로 대립하는 경우가 많기 때문이다. 예를 들어 영업부와 생산부의 경우, 영업부는 가능하면 고객의 요구에 부응하면서 매출을 올리고 싶어 한다. 반면에 생산부는 되도록 생산 수율(원재료 투입에 대한 제품 생산 비율 – 역주)이 내려가는 것을 원치 않는다.

따라서 영업부에서 원가를 높여서라도 고객의 요구에 부응하려고 협의를 요청하면, 생산부에서는 그런 제의를 꺼리곤 한다. 부서마다 중요하게 여기는 요소가 다르기 때문에 일이 전혀 진척되지 않는 곤혹스러운 사태에 빠지는 것이다. 나는 주로 기획이나 관리 쪽 일을 했기 때문에 이런 부서 간

대립을 해소하고 조정을 이끌어내는 임무를 맡고 있었다.

그런 역할을 잘하기 위해서는 모든 부서의 신뢰를 얻어야한다. 당시 나의 전략은 '모든 부서에 유익한 공통분모'를 바탕으로 대화하는 것이다. 그것은 바로 '이익'이다. 영업이든 생산이든 같은 조직에서 일하는 이상 회사의 이익을 높이는것은 공통의 목표이다. '이익'은 사내 모든 직원에게 통하는공통의 언어인 것이다. 그래서 나는 각 부서에 '이렇게 하면회사의 이익이 올라간다'라는 식으로 설득했다.

영업부의 제안이 회사 전체를 위해 더 나은 경우에는 생산부에 '고객의 요구를 수용하면 생산 비용이 오르겠지만, 상품 가격도 올릴 수 있기 때문에 회사로선 이익이다. 생산수율은 낮아지지만 이런 고가의 상품이 팔린다면 이익은 늘어난다'는 식으로 설득했다. 즉 '회사 전체, 모두에게 좋은일'임을 강조한 것이다. '모두에게 좋은 일'이라면, 어느 부서사람이라도 이해하고 움직여준다.

접대는 회사 밖이 아니라
사내에서 하는 게 더 중요하다

아무리 대의를 강조한다고 해도 설득이 쉽지 않은 경우가 있다. 특히나 이해관계가 대립하기 쉬운 부서들은 더욱 힘들다. 그런 경우를 대비해서 평소에 해당 부서의 조직원들과 친밀한 관계를 맺어두는 노력이 필요하다.

내가 몸담았던 ㈜도레이에는 우수한 영업사원이 많았는데 좋은 성과를 내는 사람은 예외 없이 생산부 직원들의 지지를 얻고 있었다. 그들은 생산부에 자주 방문하여 시장의 실태를 설명하고 대화도 자주하는 등 개발자들의 마음을 얻기 위해 노력했다.

그들은 "접대는 회사 밖에서가 아니라 회사 내에서 해야 한다"고 말할 정도로 거래처 못지않게 생산부 직원들과의 교류에 힘썼다. 말하자면 '사내 접대'에 해당되는 일인데, 그로 인해 얻어지는 이득이 거래처와 회식할 때보다 더 클 때가 있다는 것이다.

타사에 없는 우수한 상품을 개발할 수만 있다면, 거래처 고객을 접대하지 않아도 상품은 날개 돋친 듯 팔리기 때문이다. 따라서 이해관계에 있는 부서일수록 적극적으로 교류하면서 '이 사람이 원한다면 한 번 해보자' 하고 믿어주는 관계를 만들어야 한다.

회사생활의 연차가 쌓일수록 공자의 말 '무신불립(無信不立)'을 가슴속에 새겨야 한다. 이는 '믿음과 의리가 없으면 개인이나 국가가 존립할 수 없으니 신의를 지켜 서로 믿고 의지해야 한다'는 뜻이다. 조직에서도 마찬가지다. 믿음이 없이는 한치 앞도 내다볼 수 없다. 그러니 사내 직원들과의 유대를 통해 상호 믿음을 쌓아나가는 일도 중요하게 생각해야 한다.

회사생활을 할 때 나에게 '처세술'에 대한 고민을 상담해오
는 이들이 많았다. 그중 타 부서의 협력을 얻기 힘들다고 토
로하는 이들이 있었는데 나는 그들에게 '이해관계가 복잡한
부서 간 커뮤니케이션에 시간과 돈을 쓰라'고 조언했다. 타
부서 사람에게 무리한 부탁을 했다든가, 신세를 졌을 때에는
즉시 감사의 마음을 담아 식사나 술자리에 초대해야 한다.
특히 기술이나 생산 부서와 같이 눈에 띄지 않는 곳에서 고
생하는 동료들일수록 아낌없이 칭찬하고 위로해야만 신뢰관
계가 끈끈해진다.

대립하는 부서 간의 조정은 '이익'이라는 공통 언어로 커뮤
니케이션해야 한다. '이익 창출'이라는 관점으로 대화하면
부서 간 협의는 쉽다. 아울러 원활한 소통을 위해 평소에도
타 부서에 자주 드나들면서 정보 교환도 열심히 해야 한다.
업무 외적으로도 돈독한 교류를 쌓아나가면, 중요한 순간에
"당신 부탁이니 어디 한 번 해봅시다!"라며 흔쾌히 지원해줄
것이다.

어떤 상대든 '존칭'을 붙여서 불러라

많은 사람들이 경쟁자 없이 명성을 유지했다.
호의적인 사람들은 늘 평온하고
명망 있는 사람들은 대개 호의적이다.
_발타자르 그라시안

40대가 되면 동기와도
직함에서 차이가 나기 시작한다

신입사원 시절에는 동기만큼 위로가 되는 이도 없다. 모든 것이 서툰 초년병 시절에 함께 절차탁마(切磋琢磨)하며 그 누구보다 끈끈한 유대를 갖게 된다. 그런데 그 동기들과도 40대가 될 즈음에는 직함이나 직급에서 차이가 나기 시작한다. 자기보다 동기가 먼저 승진하면 초조해지거나 질투심이 생기고, 동기보다 내가 먼저 승진하면 우월감이 들기도 하지만 반면에 미안한 생각도 든다. 그리고 관계도 서먹해진다.

하지만 서로의 입장이 조금 달라졌을 뿐 동기와는 신입 때부터 함께해온 시간만큼 쌓아온 의리를 잊어서는 안 된다. 사내에서 동기만큼 의지가 되는 존재는 없다. 내가 플라스틱 사업부의 부장이 되었을 때가 마흔여덟 살이었는데 그때 직속 부하인 차장과 과장이 나의 입사 동기였다. 내 옆에는 차장, 앞에는 과장 책상이 놓여졌다. 동기 3명이 같은 조직에서 상사와 부하로 매일 얼굴을 맞대며 일하게 된 것이다.

당시 나의 동기가 나를 어떻게 생각하고 있었는지는 모른다. 하지만 그들에 대한 나의 태도는 전과 다를 바가 없었다. 오히려 그들이 나보다 사업부의 업무를 훨씬 잘 알고 있었기 때문에 모르는 부분이 있으면 겸허하게 도움을 청했고 허심탄회하게 상의했다.

회사에서 동기만큼
의지되는 존재는 없다

본래 나는 30대 때부터 상대가 누구든 '존칭'을 붙여서 불러왔다. 동기나 후배에게도 그랬고, 부하직원들에게는 나를 '사사키 씨'로 부르게 했다. 왜냐하면 직급이나 연령에 상관없이 누구나 자신이 담당하는 분야에서는 가장 해박한 지식과 풍부한 경험을 가지고 있으므로 존중해주어야 한다고 생각했기 때문이다.

그래서 부장이 된 후 동기였던 차장과 과장에게 'A씨, 이것 좀 부탁합니다.' 'B씨 그 건은 잘 진행되고 있습니까?'라는 식으로 말했다. 물론 나의 동기들은 나를 '사사키'라고 허물없이 불러왔기 때문에 처음에는 다소 당황했을지도 모른다.

하지만 이내 나의 의도를 이해해주었다. 동기였던 내가 상사가 된 후, 권위적으로 대하지 않고 자신들의 지식이나 경험을 존중해준다는 것을 알게 되자 그들도 나를 믿고 도와주었다. 오래 만나서 서로의 마음을 속속들이 아는 동기가 아군이 되어준다면 그보다 더 든든한 일은 없다.

회사생활을 하면서 난관에 부딪혔을 때도 동기만큼 실질적인 조언을 해줄 수 있는 이는 없다. 까다로운 상사 밑에서 일할 때는 예전에 그 상사와 일한 경험이 있는 동기에게 대처 요령을 배웠고, 타 부서 직원들과 의견 조율이 힘들 때는 그 부서에 있는 동기의 중재로 난관을 헤쳐나가기도 했다.

타 부서의 정보를 얻을 때도 동기의 도움을 받는 것이 가장 빠르다. 새로운 인맥을 만들기는 힘들지만, 사내 여러 곳에 흩어져 있는 동기들에게 부탁한다면 훨씬 더 정확하고 빠르게 정보를 얻을 수 있다. 동기와 이런 관계를 유지하기 위해서는 경쟁 관계가 아닌 '함께 멀리 보는 관계'가 되어야 한다. 아무리 오래된 사이라 해도 처음 만난 그때처럼 서로 존중해주자.

˚ 회사에서 동기만큼 소중한 존재도 없다.
가장 든든한 아군이자 최고의 조력자이기 때문이다.

어느 조직에서든 출세하는 사람은 반드시 업무상으로 남다른 성과를 낸다. 따라서 먼저 출세한 동기를 질투하는 것은 하수의 행동이다. 오히려 자신의 업무 방식을 반성하고 무엇이 부족한지 알아내어 성장의 기회로 삼아야 한다.

내가 먼저 부장이 되었다고 해서 과장이나 차장인 동기를 아랫사람 대하듯이 한다면 그 또한 하수의 행동이다. 나의 고충을 그 누구보다 잘 알아주는 동기의 마음을 잃는다는 것은 그 무엇보다 어리석은 짓이다. 동기만큼 확실하고 든든한 멘토도 없다. 동기가 없었다면 회사생활을 하면서 겪는 수많은 난관을 어떻게 극복해나갔을지 생각해보라. 직위 고하를 막론하고 한 번 동기는 영원한 동기임을 잊지 말자.

30대까지 스페셜리스트로 살아왔다면
40대에는 제너럴리스트로 살아보자.
그동안 쌓아온 경험과 지식을 바탕으로
회사 내 다른 부서 혹은 새로운 일에 도전해보자.
가슴 두근거리는 체험은 인생을 풍요롭게 해준다.

7장
/
도전하는
습관

현업에만 매달리지 말고
새로운 일을 시도하라

우유부단함이
습관화되어 있는 사람보다
더 비참한 사람은 없다.
_윌리엄 제임스

관리자 본연의 업무를 위해
부하직원에게 권한을 위임하라

40대가 되면 실무자가 아닌 관리자로서의 역할이 더 중요해진다. 그런데 실제로는 현장 업무와 매니지먼트를 겸하는 '플레잉 매니저'로 일하는 경우가 상당히 많다. 하지만 관리자가 실무에 치중하면 본래 해야 할 관리 업무에는 소홀할 수밖에 없다. 자신의 팀이 성과를 내도록 독려하거나 중요한 프로젝트를 앞두고 신중하게 생각할 여유가 없다. 또한 사내에서 팀의 입지를 공고히 한다든가 하는 관리자로서의 책무에 집중할 수 없다.

그러므로 40대에 실적을 내고 자신도 성장하려면 지금까지 해오던 현장 실무에서는 손을 놓아야 한다. 그 일은 가급적이면 부하직원들에게 일임하자. 자신의 권한을 이양하고 업무를 맡기면, 그만큼 직원들은 책임감을 느끼고 많은 경험을 쌓을 수 있다. 부하직원이 잘하면 팀 전체의 업무력이 향상되어 좋은 성과가 나오고 리더인 자신의 평가도 높아질 것이다.

관리자가 되고서도 플레잉 매니저를 자처하는 사람은 '내가 직접 하는 것이 빠르다'고 생각한다. 하지만 그렇게 하면 시간이 아무리 흘러도 팀원들은 성장하지 않는다. 성장할 수 있는 기회를 주지 않았기 때문이다. 자신 역시 많은 업무에 쫓겨 피폐해진다. 이는 서로에게 부정적인 영향을 끼칠 뿐이다.

부하직원에게 재량권을 주어도 상사의 영향력은 사라지지 않는다

관리자가 되고 나면 바뀐 업무 역할에 적응하기가 쉽지 않다. 그래서 '부하직원에게 권한을 주면, 나의 영향력이 저하되는 것은 아닐까?' 하며 불안해하는 이들도 있다. 하지만 그런 일은 없다.

부하직원에게 실무의 권한을 위임하는 일은 부서 전체의 업무 중 극히 일부만을 맡기는 것이다. 반면에 관리자는 부서 전체를 통괄하는 권한을 갖게 된다. 관리자는 실무자들의 현장 업무를 한눈에 파악하고 나아가야 할 방향을 제시해야 한다. 그러므로 여전히 플레이어로 일하려고 해서는 안 된다.

매니저와 플레이어의 명확한 역할 분담이라는 의미에서 본보기가 되는 것이 바로 일본 공무원의 업무 방식이다. 나는 40대 초반부터 관공서의 젊은 과장이 모이는 공부 모임에 참가했는데 그때 큰 자극을 받았다. 그 모임에 과장들이 모일 수 있었던 이유는 바로 야근이 없었기 때문이다.

관료직의 경우, 과장대우까지는 심야 야근도 흔한 일이지만 과장이 되면 현장 업무는 모두 부하직원에게 맡긴다. 따라서 업무가 끝난 뒤에는 공부를 한다든가, 외부 사람과 교류의 시간을 갖는다. 과장은 업무 방식과 마인드를 관리자 모드로 전환하고, 리더로서 한 단계 높은 관점이나 넓은 시야로 바라보아야 하므로 자기계발에 시간을 쓰라는 의미다. 이는 민간기업의 관리자도 보고 배울 만한 점이다.

40대에 관리자로서 한 단계 더 도약하려면 실무는 부하직원들에게 맡겨라. 본인이 직접 할 때보다 속도가 느리고 성과물이 만족스럽지 않을 수 있다. 하지만 그들이 성장할 수 있도록 기회를 주고 독려해주어야 훗날 조직 전체가 도약할 수 있다.

관리자가 되면 플레이어가 아닌 매니저로 일해야 한다.
부하직원의 역량을 믿고 그들에게 실무를 맡겨라.

관리직 중에서도 과장은 가장 난이도가 높은 직급이다. 부장은 직속 부하로 관리해야 할 과장이 소수이지만, 과장은 많은 팀원들을 직접 관리해야 한다. 게다가 팀원들의 연령, 능력, 의욕도 매우 다양하다. 그런 이유로도 과장은 실무에 파묻히지 말고 팀원들의 매니지먼트에 전념해야 한다.

리더는 하루라도 빨리 실무에서 손을 떼라고 조언하고 싶다. 현장 업무는 팀원들에게 맡기고 부서 전체의 성과와 비전을 위해 충분히 생각할 시간을 갖고 리더로서의 역량 계발에 힘써야 한다. 매니저와 플레이어의 구별을 명확히 하지 않으면 절대 리더로 성장할 수 없다. 팀원들은 자신들이 성장할 기회마저 빼앗은 상사를 원망할 것이고, 팀은 갈 길을 잃어 사내 입지가 좁아질 것이다.

스페셜리스트인지 제너럴리스트인지
생각하면서 일하라

행동은 습관을 형성하고
습관은 성격을 결정한다.
성격은 우리의 운명을 굳힌다.
_트라이언 에드워즈

스페셜리스트와 제너럴리스트
모두 성공 가능성은 있다

나는 40대에 부서를 자주 옮기면서 몇 가지 분야의 업무를 경험했다. 당시 사장이 '리더는 다양한 경험을 해야 한다'는 방침을 갖고 있기도 했지만, 나 역시 원하던 바였다.

이는 앞서 언급한 『논어』의 '군자불기'가 지닌 의미와도 상통한다. '군자는 한 가지 능력에 치우치지 않고, 폭넓게 재능을 발휘해야 한다'는 의미인데, 요컨대 '스페셜리스트가 아닌 제너럴리스트가 되라'는 말이다.

일본 기업에서는 영업이나 인사 쪽 외길만 걸어온 사람이 사장으로 발탁되는 경우가 많다. 하지만 한 가지 분야만 아는 사람에게 갑자기 전체를 보라고 요구한다면 쉽지는 않을 것이다. 따라서 리더를 목표로 삼고 있다면 처음에는 스페셜리스트로서 전문 분야를 닦다가, 어느 시점에 이르러서는 다양한 경험을 쌓아 제너럴리스트가 되어야 한다.

그렇다면 영업이나 인사 한 부문에서만 일했던 사람은 사장직을 감당해낼 수 없는가 하면 또 그렇지는 않다. '한 가지 재주에 뛰어난 사람은 다방면으로 우수하다'는 말 또한 사실이다. 나는 운 좋게도 회사의 방침과 내 생각이 일치한 경우였지만, 직장에 따라서는 아무리 본인이 이동을 원한다 해도 잘 받아들여지지 않는 경우가 있다.

따라서 스페셜리스트와 제너럴리스트 양쪽 모두 출세 가능성이 있기 때문에 어느 쪽이 좋다 나쁘다 단순하게 결론지을 수는 없다. 다만 나의 경험상 꼭 조언해주고 싶은 것은 40대에는 '자신의 인생이 행복하려면 어떤 길을 택할 것인가' 하는 고민은 해야 한다는 것이다.

'현재의 업무만으로도 만족하는지' 자문해본다

가슴이 두근거리는 체험은 인생을 풍요롭게 한다. 그런 감정을 느껴보고 싶다면 새로운 도전을 택하는 것이 가장 빠르다. 회사원이라면 부서 이동 없이 줄곧 같은 부문의 업무를 하면서도 다른 분야를 공부해본다든가, 종래와는 다른 업무 방식을 시도해보는 것도 한 가지 방법이다.

나는 앞서 이야기한 젊은 공무원들과의 공부 모임 외에도 다양한 사외 모임에 참가했다. 하지만 그것은 회사에서 출세 하려는 목적으로 나간 것이 아니었다. 단순히 재미있었기 때문이다. 회사 밖에서 업무와 관계없는 사람들을 만나면 흥미 진진한 이야기도 많이 듣고 자극도 받는다.

누군가와 안면을 트게 되면, 그를 계기로 뜻밖의 체험을 하는 일도 있다. 나 역시 사외 인맥이 형성된 덕분에 타 업계 의 공장을 견학한다든가, 군부대에서 연수를 받는 등 다양한 체험을 할 수 있었다.

자신이 흥미를 가질 만한 일을 찾아 적극적으로 해본다면 인생은 틀림없이 즐거워질 것이다. 그러니 '지금 나의 인생 에 무엇이 남아 있는지' 반드시 되돌아보길 바란다. 또한 '회 사에서 매일 같은 업무를 하고 있어도 만족하는가?'에 대해 서도 자문해볼 필요가 있다.

˚ 40대는 그동안 쌓아온 경험과 지식을 바탕으로
회사 내 다른 부서 혹은 새로운 일에 도전해보자.
가슴 두근거리는 체험은 인생을 풍요롭게 해준다.

'스페셜리스트가 될 것인가? 제너럴리스트가 될 것인가?' 이는 일을 하면서 늘 고민해야 할 부분이다. 한 가지 능력을 극대화하는 사람이 될 것인가 아니면 폭넓은 능력을 갖춘 사람이 될 것인지 선택해야 한다. 물론 어떤 선택을 하든 새로운 일에 도전하는 데는 문제가 없을 것이다. 하지만 이 선택은 마흔이 되면 조금 달라진다.

나는 스페셜리스트가 되기 위해 열심히 일에 매진하다가, 어느 시점에서는 제너럴리스트를 꿈꾸게 되었다. 내 업무의 전문 지식을 어느 정도 쌓고 나니 다른 분야에도 눈 뜨게 된 것이다. 그래서 사외 공부 모임에도 참가했다. 다양한 직종과 사회적 위치를 갖고 있는 사람들과 대화하면서 사고의 폭이 넓어져서 결과적으로는 업무에 유용한 힌트도 얻었다. 지금까지 스페셜리스트로서의 삶을 살아왔다면 40대부터는 제너럴리스트를 꿈꾸어보자.

속사정을 파악하면
두려워할 일은 없다

모든 성공의 비결은
당연하지 않은 것을
조직화해내는 데 있다.
_오스발트 슈펭글러

새 부서의 실상 파악이 끝나면
자신만의 스킬을 적용하라

새로운 일에 도전하고 싶은 차에 부서 이동이 이루어졌다고
하자. 40대의 경우 대부분은 관리자로서 새 임무를 맡게 된다.
관리자는 리더이다. 따라서 주변에서는 신입 사원을 맞을 때
처럼 '익숙해질 때까지는 어쩔 수 없지' 하는 마음으로 너그
럽게 봐주지 않는다. 40대의 도전은 단기간에 성과를 낼 수
있을 거라는 전제가 깔려 있다.

  하지만 두려워할 필요는 없다. 아직 경험해보지 않은 업
무라서 현장의 실무나 전문 지식을 미처 파악하지 못했을 뿐
이다. 새로운 임무를 걱정하기에 앞서, 자신이 그동안 쌓아
온 매니지먼트력과 결단력 그리고 발상력은 어느 분야에서
도 활용할 수 있음을 상기하자. 따라서 새로 부임한 부서에

서 가장 먼저 해야 할 일은 '실상 파악'이다.

만약 팀의 실적이 부진한 상태라면 팀원들과 진솔하게 대화하면서 부진의 원인이 무엇인지 찾고, 조직의 병목현상을 일으키는 '보틀넥(bottleneck)'은 어디에 있는지 사실 관계를 철저히 밝혀내야 한다. 그것만 파악이 되면 다음은 예전 부서에서 갈고 닦은 스킬과 경험으로 얼마든지 문제를 해결할 수 있다.

해당 부서의 업무를 잘 알고 있다고 해서 성공적으로 팀을 이끌 수 있는 것은 아니다. 혁신을 일으키는 쪽은 오히려 그 조직을 잘 모르는 사람이다. 종래의 관습이나 상식에 얽매이지 않는 자유로운 발상이 가능한 사람은 오히려 외부에서 온 인물이다.

'새 사람'이
이노베이션을 일으킨다

나는 40대에 회사에서 전례 없던 몇 가지 실적을 낸 일이 있다. 그것은 내가 해당 부서에 '새 사람'으로 참여했기 때문에 가능한 일이었다. 나는 45세 즈음에 어망과 낚싯줄 원재료를 판매하는 부서의 영업과장이 되었다. 기획이나 관리 등 스태프 부문의 경험밖에 없던 나로서는 처음 직면한 일이었다.

서둘러 실상 파악에 나서 보니, 낚싯줄의 시장 점유율이 20퍼센트대에서 고전하고 있었다. 원인을 조사하는 과정에서 '회사 ⇒ 판매원 ⇒ 도매상 ⇒ 소매점'으로 이어지는 다단계 유통 경로로 인해 최종 소매가격이 높아졌다는 것을 알게 되었다. 그래서 나는 판매 루트를 하나로 통합하기 위해 새 회사를 설립하고, 회사가 직접 소매점에 판매하는 것이 좋겠다고 생각했다.

당시 사내는 물론 지금까지 거래해오던 도매상에서도 크게 반발하고 나섰지만, 나는 그 개혁을 관철시켰다. 누가 보더라도 공급 사슬에 군더더기가 너무 많다는 점은 명백했기 때문이다.

외부 사람이 보면 금방 문제점으로 인식될 수 있는 점도 오랫동안 그 분야에서 일해온 사람들에게는 파악되지 않는 경우가 많다. 근본적인 문제이고 이해관계가 얽혀 있을수록 바꾸어야 한다는 발상 자체가 쉽지 않다. 그런 사람들 틈에 끼어들어 과감히 혁신을 일으킬 수 있는 사람은 바로 새로 영입된 사람이다. 이런 절호의 기회를 활용하기 위해서라도 새로운 부서로의 이동을 두려워해서는 안 된다. 기존의 업무에서보다 더 큰 성과를 이루어낼 수 있을 것이다.

° 새로운 업무를 맡게 되더라도 두려워하지 마라.
혁신은 그 조직과 업무를 잘 모르는
'새 사람'이 일으킬 가능성이 크다.

40대의 새로운 도전은 단기간에 성과를 내야 한다. 그러기 위해서는 새 부서에 발령받자마자 업무와 팀원들의 실상 파악에 나서야 한다. 부진한 부분의 원인을 파악하고 나서는 지금까지 다져온 능력을 발휘해보자. 조직에 새로운 바람을 불어넣기 위한 대단한 결단은 팀 내 반발을 사기 마련이므로 두려워하지 말고 자신을 믿고 추진해야 한다.

외부에서 온 사람이 기존의 업무 방식을 바꾸고 문제점을 파악하려고 하면 내부에서는 틀림없이 반발할 것이다. 그렇더라도 '이 일은 회사를 위해 꼭 해야 한다'고 판단된다면, 강한 의지로 밀고 나가야 한다. 그게 바로 리더가 해야 할 가장 중요한 임무다. 혁신을 위한 시작은 힘겹겠지만 결과가 좋으면 아무도 불평하지 않는다. 실적만큼 설득력이 강한 것은 없기 때문이다.

'수처작주 입처개진(隨處作主 立處皆眞)'.

중국 당나라 시대 임제 스님의 가르침으로
'머무르는 곳마다 주인이 되면,
지금 서 있는 그 자리가 진리다'라는 뜻이다.
언제 어디서 어떤 상황에 놓이더라도
내가 주체적이고 진실하게 살아가면
진리의 자리에 이르게 된다.

8장
/
인내하는
습관

'회사원으로 살아남겠다'는 각오를 하면
참지 못할 일이 없다

어떤 습관을 가지느냐에 따라
사람마다 품성의 차이가 생긴다.
_아리스토텔레스

받아들일 수 없는 일도
참을 각오를 하라

40대에도 회사생활을 계속하고 있다면 그때는 '회사원으로 먹고 살' 각오를 해야 한다. 관리자가 되고 가족이 있는 나이가 되면 '싫으면 그만두면 되지'라고 가볍게 생각할 수 없다. 이때는 회사에서 자신의 역량을 발휘할 수 있는 기회를 적극적으로 찾는 편이 낫다.

물론 회사생활은 녹록지 않다. 자신의 뜻과 어긋나는 일이 자주 일어난다. 고약한 상사를 모셔야 할 수도 있고, 부하 직원들 때문에 속앓이를 해야 할 때도 있고, 원치 않는 부서로 옮겨갈 수도 있다. 무엇보다 인정할 수 없는 일에 머리를 숙여야 하는 때가 있다. 하지만 그런 일로 이러쿵저러쿵 해 봤자 소용없다. 회사란 그런 곳이다. 다양한 사람이 모인 곳이기 때문에 자신의 생각대로 안 되는 건 당연하다.

회사에서 일한다는 것은 '자신의 뜻에 어긋나는 일이라도 견디어내겠다'고 결심하는 일이기도 하다. 나도 몇 번이나 불합리한 경험을 했다. 사고방식이 다른 상사와 부딪혔을 때는 도저히 참지 못하고 충돌한 일도 있다. 하지만 이는 어리석은 일이었다. 상사는 나보다 지위가 더 높다. 정면으로 부딪히면 험한 꼴을 당하거나 때로는 좌천되어 쫓겨나는 일조차 있다.

나의 지난 회사생활을 반성도 할 겸 충고하자면, 불합리한 일이라고 해서 상사에게 대놓고 자신의 의견을 표출하는 것은 회사원으로서는 '잘못된' 선택이다. 동료들끼리 술자리에서 상사의 흉을 보는 정도라면 몰라도 상사 앞에서 직접 불만을 드러내는 것은 어리석은 일이다. 물론 현명한 상사는 자신에게 직언해주는 직원을 곁에 둔다. 하지만 그렇게 사려 깊은 상사는 흔치 않다.

상사를 바르게 이해하면
'참을 일'도 줄어든다

회사생활에서 가장 힘든 일은 '매일 참아야 하는 것'이라고 말하는 이들도 있다. 때로는 업무 과중보다 그게 더 견디기 힘들기도 하다. 하지만 직장인이라면 참을 각오를 해야 한다. 그렇다고 무조건 참을 수는 없다. 그래서 '참을 일을 줄이는' 요령을 알려주려고 한다. 바로 '상대를 잘 이해하라'는 것이다. 상대하기 힘든 상사라면 그의 행동과 성격을 잘 관찰해보자. 그가 어떤 성격의 사람인지, 주로 어떨 때 기분이 나쁘고 어떨 때 좋은지 파악하고 나면 그만큼 이해의 폭이 넓어진다.

어떤 사람인지 파악하고 나면 상대가 화를 내더라도 '이러저러한 것을 싫어하는 사람이니까 어쩔 수 없지' 하고 이해하게 된다. 상대가 왜 화내는지 모르면 '불합리한 책망'을 당한다는 생각에 기분이 나빠지지만, 이유를 알게 되면 억울한 마음이 덜해서 빨리 잊을 수 있다.

내가 경영기획실에서 일할 때 모시던 상사는 무조건 화부터 내고 보는 사람이었다. 하지만 잘 관찰해보니, 그가 화를 내는 대상은 '싹수가 있다'고 인정한 사람들이었다. 그 이후로는 그가 화를 내더라도 '나를 유망하다고 생각하시는구나' 하고 덤덤해질 수 있었다. '참는다'고 각오했다면 그것으로 인한 스트레스도 줄이자. 그것이 회사에서 살아남는 비결이다.

° 회사생활은 받아들일 수 없는 일도 참을 각오로 해야 한다.
단, 상대를 이해하려고 노력하면 그만큼 참을 일도 줄어든다.

'회사원으로 먹고 살' 각오를 한다는 것은 때론 불합리한 일
도 참아야 한다는 의미다. 그런데 무작정 참는 건 오래 할 수
없다. 참을 각오를 하되, 동료나 상사를 이해하는 과정을 거
쳐야 한다. 상대를 이해하면 그의 언행에 상처를 덜 받는다.

나의 경험상 무슨 일이든 칭찬하는 상사는 그다지 달갑지 않
았다. 대단한 결과를 낸 것도 아닌데 칭찬을 받으면 기쁘지
도 않다. 다만 이런 경우도 상대를 이해하는 마음으로, '본래
그런 사람이니 어쩔 수 없지' 하고 생각하면 그만이다. 무슨
일이든 화부터 내는 상사를 만났을 때도 그가 신뢰하는 부하
직원에게 주로 화를 낸다는 것을 알고 나서는 그를 대하는
게 힘들지만은 않았다. 무턱대고 참지만 말고 상대를 이해하
려는 노력부터 해보자.

세상에 고민 없는 사람은
없다는 것을 명심하라

어느 누구도 과거로 돌아가서
새롭게 시작할 수는 없지만
지금부터 시작해서
새로운 결실을 맺을 수는 있다.
_카를 바르트

모든 사람은 저마다
'말 못할 사정'이 있다

결혼한 사람의 경우, 40대가 되면 가정에서도 다양한 문제를 안고 있을 시기다. 맞벌이 부부가 늘면서 가사와 육아를 분담하는 가정도 많아졌다. 사회생활의 경력으로 본다면 성숙기이지만, 어린 자녀가 있는 경우라면 또 다른 측면에서는 인생의 과도기를 맞는 셈이다. 일에 몰두해야 하면서도 가족을 위한 책임과 의무도 다해야 한다. 40대는 이런 부담감 속에서 고군분투해야 한다. 그것은 나만의 문제가 아니다. 말로 드러내지는 않지만 누구나 비슷한 고민을 안고 있다.

물론 나도 예외는 아니었다. 그 무렵 과장으로 승진했을 때 아내가 병으로 쓰러져 입원과 퇴원을 반복했다. 당시 집에는 중학교와 초등학교에 다니는 3명의 아이가 있었고, 큰

아들은 자폐증을 앓고 있었다.

　가사와 육아를 모두 짊어지게 된 나는 매일 저녁 6시에 퇴근해야만 했다. 7시에는 집에 도착해서 저녁을 지어 아이들에게 밥을 먹인 후, 다음날 가져갈 도시락까지 준비했다. 아침에는 새벽 5시 30분에 일어나 아이들의 아침 식사를 챙기고, 도시락을 싸서 등교 준비를 시켰다. 그리고 늘 출근 시간보다 1시간 일찍 사무실에 도착했다.

'왜 나만 이럴까' 비관하지 마라
모두가 그렇다

당시 회사일과 집안일을 병행하면서 몸과 마음이 많이 힘들었다. 하지만 그때 집안일을 효율적으로 처리하는 한편, 야근하지 않고도 업무를 제때 마무리해내는 생산성 높은 업무 패턴을 만들 수 있었다. 그 덕분에 어려운 상황 속에서도 팀 전체의 성과는 착실히 낼 수 있었다.

　정직하게 말하자면, 내심 '좀 더 일할 수 있었다면 더 높은 성과를 낼 수 있었을 텐데' 하는 아쉬움은 있었다. 그 시기에 나는 빨리 과장이 되길 바라다가 마침 진급한 참이었기에 더욱 그런 생각이 들었다. 하지만 아무리 고민해보았자

당면한 사정이 달라지지는 않는다. 아내와 자식 모두가 나에게 주어진 운명인 것이다. 그래서 나는 받아들이기로 했다.

퇴근해서 회사를 나오면 집안일만 생각했고, 집을 나서면 회사일만 생각했다. 이 두 가지 일을 완전히 구분 짓고, 어느 한쪽의 문제를 다른 쪽으로 끌어들이지 말자고 결심했다. 그리고 회사와 집, 각각의 자리에서 나름대로 최선을 다했다.

쓸 수 있는 시간이 한정되어 있었기 때문에 목표를 달성해내기 위해 가장 먼저 한 일은 '하지 않아도 되는 일'을 버리는 것이었다. 아무리 버거운 일이라도 전략을 세우고 우선순위대로 차근차근 하면 해낼 수 있다.

그때 나는 주어진 상황을 비관하거나 누군가의 위로를 받을 여유도 없었다. 그저 한 걸음씩 앞으로 나아가는 수밖에 없다는 걸 스스로 깨달았던 같다. 절망에 빠져 고통을 호소해도 달라지는 건 아무것도 없다. '내 안의 문제는 내가 해결하자'고 마음을 굳게 다지는 것이 최선의 선택이다.

누구나 살면서 말 못할 고통을 겪는다. 그때 '왜 나만 이럴까' 하면서 고통스러워만 하는 이와 그 와중에도 자신이 할 수 있는 일을 찾아 한 걸음씩 나아가는 사람은 분명 다른 결말을 맞을 것이다. 40대가 되면 고통을 성숙하게 받아들일 줄 알아야 한다.

 ° 인생은 운명을 받아들이는 것에서 시작된다.
절망에 빠져 고통을 호소한다고 달라지는 것은 없다.
묵묵히 주어진 삶을 살아내면
어느덧 고통의 터널을 지나 있을 것이다.

때로는 부득이한 개인 사정으로 회사 업무에 지장을 줄 때가
있다. 그럴 때일수록 '어쩔 수 없지 않나' 하는 마음으로 이해
받으려고만 해서는 안 된다. 다른 사람보다 더 노력해서 결과
를 내야 한다. 노력하는 모습을 보이면, 주변 사람들도 '도와
주고 싶다'는 마음을 갖게 된다. 반면에 자신의 처지를 한탄
하면서 업무는 소홀히 한다면 머지않아 반감을 사게 된다.

40대 초반 한창 업무에 전념해서 성과를 내야 할 때, 가사와
육아를 혼자 감당하며 묵묵히 하루하루의 삶에 집중할 수 있
었던 건 그 상황을 받아들였기 때문에 가능했던 것 같다. 어
떤 문제라도 일단 받아들이고 나면 하나씩 헤쳐나갈 힘도 생
긴다. '나만 왜……'라고 비관하면 결코 일어설 수 없다. 누구
에게나 인생의 고통은 있고, 내 문제는 나만 해결할 수 있다.

시시때때로 장기적 관점으로 생각하라

우리는 누구나
미래의 꿈에 계속 또 다른 꿈을 더해가는
적극적인 삶을 살아야 한다.
_프리드리히 니체

목표는 장기 비전, 중기 과제, 단기 계획으로 접근하라

회사생활을 하다보면 주어진 업무에 급급하기 쉽다. 하지만 장기적인 안목을 갖기 위해서는 생각하는 습관을 가져야 한다. 'ㅇ년 뒤에는 이렇게 되고 싶다' 등 앞날에 대한 계획이 서야만, 거기에서 거꾸로 '올해는 무엇을 해야 할까' '이번 달에는 무엇을 해야 할까' 하는 행동 지침이 명확해진다.

나는 젊었을 때부터 '장기 비전' '중기 과제' '단기 계획'이라는 세 구획으로 나의 미래를 그려왔다. '장기 비전'은 10년에서 15년 후의 모습을 상상하는 것이다. 젊을 때는 과장이나 부장이 된 나 자신을 이미지로 그려보았고, 40대가 되고 나서는 '언젠가 내가 회사 경영의 일부분을 맡게 된다면 어떻게 할 것인가'에 대해 생각했다.

'중기 과제'는 3년을 내다보고 세우는 목표이다. 나는 거의 3년마다 부서 이동을 반복했기 때문에 새로운 파트에 부임하면 '임기 중에 무엇을 이루어낼 것인가' 하는 목표를 꼭 세웠다.

'단기 계획'은 1년 동안 해야 할 일들이다. 단기 계획을 세울 때는 나 혼자 결정하지 않고, 팀원들과 함께 해야 할 일에 대해 이야기를 나눴다. 그 다음 각자의 업무에 반영할 1년 단위의 업무 계획표를 만들도록 했다.

하지만 대부분의 회사원들은 불과 1년 앞의 일도 고민하지 않는다. 1주일 동안의 스케줄을 세우는 것이 고작이다. 그 정도로는 큰일을 해내기 어렵다. 먼저 장기적인 비전이 있고, 그에 따라 잘게 나눈 계획과 스케줄이 있어야만 최단 기간에 목표에 도달할 수 있다.

스스로 세운 계획에는
책임감이 절로 생긴다

장기적인 관점으로 세우는 계획은 'ㅇ년 뒤까지는 이 일을 해낸다'라고 자기 자신에게 선언하는 것이다. 그러면 스스로에게 해내야 할 일과 책임감을 부여한다.

앞서 내가 영업부 과장으로 일할 때 공급 네트워크 개혁을 추진했던 에피소드를 소개했다. 당시에 '이 부서에서는 고작해야 2년 정도 근무하겠지'라고 예상했기 때문에 '2년 이내에 회사에서 소매점으로 직접 판매하는 유통 경로를 구축해보자'라는 목표를 정했다.

이후 각 판매처 설득, 새 회사 설립을 위한 출자 비율 조정, 수용할 사원의 선별, 사내 경영회의 대응 등 해야 할 일이 산더미였다. 하지만 나는 1년 10개월 만에 그 개혁을 완수했다. 이 일 역시 '2년'이라는 마감 기한을 설정하고 스스로를 채찍질했기에 가능했다.

중장기적 관점을 갖고 일하지 않으면 매일 반복되는 일만 처리하면서 시간을 보내게 된다. 그렇게 되면 뭔가를 이루어 냈다는 성취감이나 보람 없이 회사원의 인생도 끝나고 만다. 장기 비전과 중기 과제가 명확한 사람은 주어진 시간을 어떻게 사용할지 끊임없이 고민한다. 뿐만 아니라 계획을 실행하는 과정에서 난관에 부딪혀도 겁먹거나 좌절하지 않는다. 더 멀리 내다보고 계획된 일을 해나가기 때문에 절망 속에서도 멈추지 않는다.

　° 주어진 일을 처리하는 데만 골몰하지 마라.
일과 인생의 목표를 3단계로 구체적으로 세워놓고
차근차근 해나가야 후회 없는 인생을 살 수 있다.

나는 40대 중반부터 매년 정월 연휴에 새해 소감을 적는 습
관을 길렀다. 앞으로 1년간 어떤 일에, 어떤 자세로 임할 것
인가를 A4 1장에 정리하여 팀원들에게 나누어주었다. 이는
팀원들이 중장기적 관점을 갖고 업무 계획을 세우는 데 동기
부여가 된다. 또한 이 작업을 계속하다보면 3년 전, 5년 전
나의 생각도 돌이켜볼 수 있다.

큰 성과를 거두고 싶다면 중장기적 관점을 갖고 일하라. 대
부분의 회사원들은 1년 앞을 내다보는 목표조차 없다. 그저
1주일 내의 스케줄 관리에 급급하다. 이대로는 큰일을 해낼
수 없다. 목표는 3단계로 생각하자! 장기 비전은 향후 10~15
년 뒤 임원이나 경영진이 되는 것을 가정하는 것이다. 중기
과제는 지금의 부서에서 임기 중 무엇을 이룰 것인가에 대해
정하는 것이고, 단기 계획은 올해의 목표를 정하는 것이다.
이렇게 단계별로 계획을 세우고 마감 시한을 설정하면 자신
을 독려할 수 있다. 회사원의 인생은 순식간에 지나간다는
것을 명심하자.

미움받는 것을 겁내지 않되
신뢰를 잃지는 마라

아무도 신뢰하지 않는 자는
누구의 신뢰도 받지 못한다.
_제롬 블래트너

부하직원들에게 미움받는 것을
두려워하지 마라

최근 들어 부하직원을 질책하지 않는 상사가 늘고 있다고 한
다. 그들로부터 반감을 산다든가, 험담의 대상이 되는 것이
싫기 때문이다. 하지만 관리자의 중요한 임무 중 하나는 부
하직원의 성장을 돕는 것이다. 그들이 일을 제대로 하지 못
하고 서로 협력하지 않는다고 판단했다면 엄하게 지도하는
것이 당연하다.

관리자는 미움받는 것을 두려워해서는 안 된다. 나도 부
하직원들에게 심하게 화를 낸 적이 몇 번 있다. 그 이유는 그
들이 꼭 지켜야 할 것과 해야 할 일에 태만했기 때문이다. 특
히 '시간 엄수하기' '거짓말하지 않기' 등 기본적인 매너나
규칙을 지키지 않는 이들에게는 엄하게 대했다.

그렇다고 해서 직원들이 반발한다든가, 팀이 삐걱거리는 일은 없었다. 내가 그들의 성장을 위해 질책한다는 것을 본인뿐만 아니라 주변에서도 잘 알고 있었기 때문이다. 도리에 어긋나게 화풀이하는 상사는 미움을 받겠지만, 진심으로 부하직원들을 위해서 조언하고 질책하는 상사의 말은 진정성이 전달된다.

상사에게 진언할 때에는
'신뢰 잔고'부터 확인하라

　부하직원들 중 상사의 눈 밖에 나지 않을 일만 생각하고, 아무 의견도 제시하지 않는 이들이 있다. 물론 조직에 있는 이상 윗사람의 결정에 따라야 한다. 하지만 그 결정이 회사에 좋지 않다는 확신이 든다면, 상사에게 과감히 진언도 해야 한다. 제대로 된 근거와 사리에 맞는 설명을 할 수 있다면 상사도 이해할 것이다.

　물론 내가 아무리 진언을 한다고 해도 상사가 관심을 갖고 들어줄지는 미지수다. 상사가 부하의 진언에 귀를 기울일지 말지는 신뢰 여부에 달려 있다는 것을 잊어서는 안 된다. 평소 상사의 요구에 부응하는 성과를 내고 꾸준히 실적과 평가를 쌓아온 부하직원이라면, 상사는 '이 친구가 하는 말이라면 한 번 들어보자'라고 생각할 것이다. 업무상으로 대부분 자신의 요구대로 성실히 일해온 직원이었기 때문에 가끔 '이번 일만큼은 제 의견을 들어주세요'라고 부탁할 때는 상사도 들어주고 싶어진다.

하지만 상사와의 사이에 '신뢰 잔고'가 어느 정도 쌓여 있는지 정확하게 파악하는 것은 매우 어렵다. 따라서 상사에게 의견을 말할 때는 타이밍에 신중해야 한다. 나의 가장 큰 실패 경험은 마지막 단계에서 상사의 신뢰 잔고를 잘못 파악한 일이었다. 동기 가운데 가장 먼저 이사가 된 후 경영기획실장으로 일할 때, 상사에게 몇 번 의견서를 냈더니 나를 자회사로 보내버렸다. 내가 상사에게 진언할 때마다 신뢰 잔고가 줄어든다는 것을 미처 깨닫지 못했던 것이다.

회사생활을 하면서 상사나 부하직원에게 미움받는 것을 겁내서는 안 된다. 그러면서 동시에 자신이 그들에게 신뢰를 주고 있는지는 꼭 살펴야 한다. 신뢰를 줄 수 없는 관계라면 진언을 할 경우 호의적인 반응을 끌어내기 어렵다. 또 신뢰 잔고가 어느 정도 쌓인 사이라 해도 타이밍을 잘 선택해야 한다. 이것은 내가 직접 체험으로 깨달은 바이다.

누군가에게 미움받는 것을 두려워하지 마라.
미움받지 않기 위해 반드시 해야 할 일과 진언을 삼가면
신뢰할 수 없는 사람이라는 평가를 받게 된다.

'신뢰 잔고'는 스티븐 코비의 『성공하는 사람들의 7가지 습관』에 등장하는 말이다. 아무리 기술이나 지식이 뛰어나도 주위 사람들이 신뢰하는 인격을 갖추지 못하면 인생에서 성공할 수 없다는 사실을 이 명저는 가르쳐주고 있다. 이 신뢰 잔고란 상호 간 신뢰 수준을 의미한다. 신뢰 잔고가 높으면 필요할 때 인출해서 활용할 수 있지만 잔고가 바닥이라면 도움받기 어렵다. 평소에 꾸준히 신뢰 잔고를 쌓아서 결정적인 순간에 인출해서 사용하자.

이 신뢰 잔고가 쌓여 있다면 상사나 부하직원에게 미움받는 걸 두려워할 필요가 없다. '부하직원이 내 험담을 하겠지' '이렇게 말하면 상사의 반감을 사겠지'라며 꼭 해야 할 말까지 삼가는 것은 서로에게 바람직하지 않다. 특히 부하직원에게 신뢰받지 못하는 상사일수록 미움받는 걸 두려워한다. 하지만 진심으로 그들의 성장을 바라는 마음으로 질책한다면 그 진심은 그들에게도 확실히 전달된다.

좌절을 도약의 기회로 삼아라

인간은 저마다 세상이라는
무대에 등장하는 시기가 정해져 있다.
그러므로 그때를 기다려야만 한다.
_벤저민 프랭클린

실패는 누구나 하는 것
어떻게 바로잡을지 생각하라

나도 여러 가지 크고 작은 실패를 겪어왔다. 40대에는 상사
와의 관계에서 실패한 적이 있다. 그분은 세세한 부분에 신
경을 쓰는 성향이었는데, 처음에는 그것을 제대로 파악하지
못하고 내 마음대로 일을 추진했다. 그런데 상사는 나의 그
런 모습을 참을 수 없었던 모양이다. 어느 날 그는 나에게 불
같이 화를 냈고 나는 궁지에 몰렸다.

　그때 나는 상사의 신뢰를 되찾기 위해 그가 원하는 것을
철저하게 이행하겠다고 스스로 다짐했다. 그러기 위해서는
상대가 내게 해주었으면 하는 일을 제대로 파악해야만 했다.
그래서 2주일에 한 번, 상사가 짬이 나는 시간에 30분간 약
속을 잡아서 보고 혹은 상담하는 습관을 들였다.

그 일을 반복하는 사이에 상사는 '이 친구가 나를 존중하는 마음이 있구나' 하고 나의 진심을 알아주었다. 이후 상사는 점차 나를 인정하게 되었고, 업무에 대한 푸념이나 사적인 이야기도 내게 먼저 털어놓았다. 이렇게 나는 상사와 오히려 이전보다 더 좋은 관계로 발전하는 데 성공했다.

단 한 번의 실패로 다시 일어서지 못하고 좌절하는 사람도 있다. 하지만 실패는 그 상황을 바로잡을 기회를 반드시 준다. 어리석은 자는 그 기회마저 놓치고 만다. 실패를 경험 삼아, '다음에는 어떻게 개선할지' 고심하면 된다. 그러면 좌절이 포기로 끝나지 않고, 반드시 큰 이득이 되어 돌아온다. 실패를 바로잡기 위해서는 인생 전체를 내다보는 넓은 시야가 필요하다.

성공이 아닌 실패에서 배워야
더 강해진다

"당신은 안 되겠다."

이런 말을 들으면 누구나 좌절하고 쉽게 포기한다. 하지만 연이은 실패 속에서 이런 말을 듣고도 포기하지 않고 끝내 성공을 이룬 위인들도 많다. 그중 한 사람이 중국 알리바

바그룹의 수장이었던 마윈이다.

그는 수도 없이 실패했다. 학창 시절의 낙제부터 졸업 후 30여 개의 회사에 지원했지만 모두 탈락하기까지 그의 인생은 실패의 연속이었다. 심지어 한 회사는 지원자 중 단 한 명이 탈락했는데 그게 바로 마윈이었다. 회사를 창업하고도 숱한 시련과 실패를 겪었다. 하지만 그는 포기하지 않았다. 실패를 '자신을 단련시키는 과정'이라고 생각했던 것이다. 그런 과정을 통해서 마윈은 세계적인 기업을 일구었고 전 세계 젊은이들의 롤모델이 되었다.

"우리는 다른 사람들이 왜 실패하는지 그 이유에서 배워야 한다. 성공이 아니라 실패에서 배워야 더 강해지고 더 현실적으로 변화할 수 있다." 마윈의 이 말은 실패로 인해 실의에 빠진 이들에게 다시 일어설 힘을 준다.

실패 후 주저앉아 한탄만 하는 게 아니라, 더 성장해야 할 필요성을 깨달은 사람은 반드시 다시 기회를 얻어 훗날 제대로 된 평가를 받는다. 실패로 좌절하여 무너지든가, 아니면 도약의 발판으로 삼든가 그것은 어디까지나 자신의 선택에 달렸다.

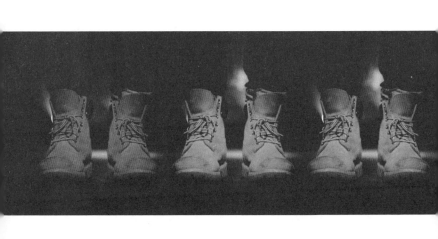

° 실패는 그 상황을 바로잡을 기회를 반드시 준다.
어리석은 자는 그 기회마저 놓치고 만다.

회사생활을 하면서 좌천되는 것만큼 큰 실패도 없다. 이 경우 대부분은 회사를 그만두거나 업무 의욕을 상실해 더욱 위축된다. 반면에 좌천된 곳에서 실적을 인정받아 다시 핵심 부서로 복귀되는 경우도 드물지 않다. 나 역시 자회사로 밀려나간 적이 있다. 하지만 그곳에서 실적을 내서 '사사키를 다시 본사로 불러들이자'라는 논의가 제기되었다. 실패로 무너지지만 않는다면 부활의 싹은 반드시 남아 있기 마련이다.

실패를 좌절로 끝낼지, 도약의 발판으로 삼을지는 본인 하기 나름이다. 실패를 경험으로 삼아 재도약하면 불운했던 인사(人事)도 만회할 수 있고, 실패한 인간관계도 회복시킬 수 있다. 처음에는 의욕을 되찾기가 힘들지만 머릿속을 비우고 주어진 일부터 차근차근 해나가면 다시 용기가 생긴다. 자신의 처지를 바꿔줄 사람은 결국 나 자신밖에 없다.

일상적인 회의를
일상적이지 않게 하라

평범한 사람은
시간을 어떻게 보낼까 생각하지만
재능 있는 사람은
시간을 어떻게 사용할까 노력한다.
_아르투어 쇼펜하우어

회의는 1시간 이내로 끝내고
의미 없는 회의는 없애라

회사원들에게 회의는 중요한 업무 요소다. 그리고 회의도 습관의 문제다. 관리자가 되면 회의 횟수는 더 늘어난다. 본인 부서의 회의는 물론, 관계 부서와의 회의나 상부 보고 회의 등 온갖 회의에 출석해야 한다. 물론 회의는 업무를 진행하기 위해 꼭 필요하다. 문제는 중요하지 않은 회의에 몇 시간씩 붙잡혀 있거나, 꼭 참석하지 않아도 되는 회의에 예의상 참석해야 한다는 것이다. 그렇게 참석하라는 회의마다 출석한다면, 업무 시간의 대부분을 회의에 묶여 지내게 된다.

관리자는 현장의 리더이기 때문에 자신이 조정할 수 있는 것 중 불필요하다고 판단되는 회의는 없애면 된다. 앞서 언급한 대로, '하지 않아도 되는 일'은 속속 버려야 한다. 나 또

한 내가 주재하는 회의 외에 중요도가 낮다고 판단되는 회의는 이유를 대고 가능한 참석하지 않았다. 그리고 회의 자체를 단시간에 끝내는 효율화 묘책도 짜냈다.

나는 상사로서 회의 담당자에게 되도록 간결하게 정리된 자료를 사전에 배포하도록 책임을 부과했다. 또 출석자 전원은 미리 자료를 철저하게 읽고 회의에 임할 것을 요구했다. 이렇게 회의 정보가 사전에 공유되었기 때문에 곧바로 논의에 들어갈 수 있었다. 상황 설명에 소비되는 시간이 줄어들어 결론이 날 때까지의 시간도 단축된 것이다. 그렇게 내가 주재하는 모든 회의는 1시간이면 끝이 났다.

회의실에는 15분 전에 입실하고
최대한 효율적으로 진행하라

회의 전에 자료를 배포하는 것 외에 내가 강조한 회의 수칙 중 하나는 회의 시작 15분 전에는 회의실에 들어가는 것이다. 내가 주재하는 회의 외에는 자료가 당일에 배포되는 일이 많았다. 그래서 일찌감치 회의실에 도착해 책상에 놓인 자료를 훑어보고 요점을 파악하도록 지시한 것이다.

그러면 회의의 흐름을 예측할 수 있기 때문에 '언제 어떤 대목에서 발언할까' '반론이 나오면 어떻게 이야기해야 좋을까' 등 전략을 세울 수 있다. 15분간 시뮬레이션을 함으로써 발언에 설득력이 생기고 논의도 효율적으로 이루어진다.

회의실에 빨리 들어가야 하는 또 다른 이유가 있다. 그것은 좋은 자리에 앉기 위해서다. 중요도가 낮은 회의는 가능한 참석하지 않는다고 말한 바 있지만, 중요도가 낮고 형식적인 회의지만 꼭 얼굴을 내밀어야 하는 입장에 처할 때도 있다. 그럴 때는 윗사람에게 잘 보이지 않는 사각지대를 골라 앉았다. 그 자리에서 봐야 할 다른 서류를 읽으며 살짝 다른 업무에 열중했다. 무용한 회의 시간을 유용하게 사용하는 나만의 방법이었다.

회사원으로 일하는 이상 회의는 피할 수 없다. 따라서 회의가 많다고 투덜대지만 말고 그 시간을 효율적으로 사용할 지혜를 짜내자.

° 40대가 되면 '하지 않아도 되는 일'은 속속 버려야 한다.
회사생활에서 가장 먼저 버려야 할 것은
비효율적인 회의이다.

회의가 너무 많아 회사생활이 힘들다는 이들은 어떤 회의가 불필요한 회의인지부터 파악해야 한다. 참석하라는 회의에 모두 참석할 필요는 없다. 자신이 통제할 수 있는 회의는 최대한 효율을 높일 수 있는 방법을 찾아 시스템화하고, 불필요한 회의는 '불참하는 이유'를 명확히 밝히고 빠져라. 관리자가 되면 이런저런 회의에 참석할 기회가 늘어나니 그럴수록 불필요한 회의를 줄이고 꼭 해야 할 일에 시간을 쓰자.

불필요한 회의에 참석했을 때는 되도록 상사의 눈에 띄지 않는 자리를 골라 앉으라고 했지만, 중요한 회의는 그 반대다. '상사가 나의 의견에 귀 기울여주길 바랄' 때는 그와 마주 보는 자리를 확보해야 한다. 눈에 띄는 자리에 앉아야 발언의 기회를 얻을 수 있고 주목받을 수 있다. 그 외에 회의 시간을 자신의 의도대로 사용하기 위해서는 무엇보다 일찌감치 입실하는 것이 제일 좋다.

편이 갈릴 때는 소신을 가져라

습관은 나무껍질에 새겨놓은 문자 같아서
그 나무가 자라남에 따라 확대된다.
_새뮤얼 스마일즈

파벌 분쟁이 일어나면
어느 쪽의 편도 들지 마라

직장인이라면 누구나 파벌 분쟁에 말려드는 경우가 있다. 파벌까지는 아니더라도 'A와 B 중에서 누구를 지지하는가' 하는 선택에 몰리는 일이 생긴다. 이런 경우, 나는 어느 쪽도 편들지 않는 것이 가장 좋다고 생각한다.

　어떤 이유에서든 같은 회사 사람끼리 싸워서 득 되는 일은 없다. 일치단결하지 않으면 반드시 훗날에까지 응어리가 남는다. 뭔가 일이 있을 때마다 '그때, 자네는 저쪽 라인 사람이었지' 하는 말로 불합리한 좌천이 이루어지기도 한다. 회사에 꼭 필요한 우수 인재를 그런 이유로 외면한다면 조직의 경쟁력은 약해지고 만다. 또 경영진이 서로 대립하면 회사가 잘 돌아갈 리가 없다.

파벌 분쟁의 도가 지나치면 회사를 위기에 빠뜨리기도 한다. 조직에 있는 사람이라면 그 점을 명심해야 할 것이다. 따라서 파벌 간 분쟁의 불씨가 타오르기 시작했다면, 누군가가 나서서 그 불씨를 진정시키려는 노력을 해야 한다. 만약 자신이 그 역할을 담당해야 할 입장이라면, 마다하지 말고 최선을 다해 노력하길 바란다. 그것이 회사의 미래를 지키는 일이다.

본래 경영이란 권력 투쟁의 장이 아니다. 현대 경영학의 창시자 피터 드러커는 '상사가 가져야 할 단 한 가지 자질은 진지함'이라고 말했다. 개인의 이익을 우선하는 경영자는 진지하다고 할 수 없다. 회사, 사원과 고객을 위한다면 모든 문제는 회의라는 열린 장에서 함께 대화로 결론 내야 한다. 그리고 주변 사람들도 사적인 이해득실이 아닌, '어느 것이 회사를 위하는 길인가'를 따져서 공정한 답을 내야 한다.

자신만의 소신을 갖고 있으면
파벌 분쟁에 휘말리지 않는다

몇 해 전 ㈜오츠카 가구의 부녀 간 분쟁이 대중의 이목을 집중시켰다. '오너 중심의 결속 경영'을 고수하려는 창업자 아버지와 '전문경영인 체제'로의 변혁을 꾀하려는 후계자 딸이 경영권을 놓고 벌인 분쟁이다. 그 당시 임원들은 창업자와 후계자 중 어느 편에 설 것인지 고민할 게 아니라 그들 사이를 중재했어야 했다. 하지만 임원들은 파벌 분쟁을 중재하지 못했고 회사 이미지는 큰 손상을 입고 말았다.

결국 딸이 승리했지만 회사는 부실해졌고, 아버지는 자신을 따르는 임원진을 이끌고 새 회사를 차릴 수밖에 없었다. 회사란 존속되는 것이 최우선이다. 누가 오너든 조직이 살아남는 것을 최우선 과제로 생각해야 한다.

어느 회사나 자신의 인맥을 만들려는 사람이 있다. 그런 부류에 휩쓸리지 않으려면 자신의 생각과 의지를 분명하게 갖고 있으면 된다. '나는 회사 차원의 성과를 최우선에 두고 행동한다'라는 자신만의 확고한 소신이 있으면, 특정 인맥에 속하지 않더라도 능력을 인정받을 수 있다.

'수처작주 입처개진(隨處作主 立處皆眞)'이라는 말이 있다. 중국 당나라 시대 임제 스님의 가르침으로 '머무르는 곳마다 주인이 되면, 지금 서 있는 그 자리가 진리다'라는 뜻이다. 언제 어디서 어떤 상황에 놓이더라도 내가 주체적이고 진실하게 살아가면 진리의 자리에 이르게 된다는 말이다. 자신의 머리로 생각하고, 주도적으로 살아간다면 파벌 분쟁쯤은 두려운 일이 아니다.

° 인맥에 의존하고 파벌 분쟁에 휘말리면 파국을 맞기 쉽다.
40대가 되면 주체적이고 소신 있는 삶을 살고자
더욱 애써야 한다.

회사 내 파벌 분쟁은 어느 회사든지 종종 일어난다. 이런 일
이 생겼을 때 전후 사정에 대한 판단 없이 '일단 어느 쪽이든
붙고 보자'고 생각하는 이들이 있다. 하지만 대개의 파벌 분
쟁은 회사의 성장에 쏟아야 할 에너지를 불필요한 데 쓰게
한다. 그러므로 도가 지나치면 회사를 위험에 빠뜨릴 수 있
다. 의미 없는 파벌 분쟁에는 가담하지 않겠다는 자신만의
주관을 갖고 스스로 생각하고 주도적으로 살자.

파벌 분쟁이 생길 경우 구성원뿐 아니라 회사도 치명타를 입
는다. 회사는 이익을 내야만 존속할 수 있다. 하지만 세간의
신용을 잃는 행보를 이어 나간다면, '블랙기업'이라는 오명
과 함께 실적에도 악영향을 미칠 수 있다. 이익과 사회적 사
명의 양립은 기업이 존속하는 데 필수적인 조건인 것이다.

마흔 살
습관 수업

초판 1쇄 발행 2019년 2월 20일

지은이 사사키 쓰네오
옮긴이 왕언경

펴낸이 손은주 **편집주간** 이선화 **마케팅** 권순민
경영자문 권미숙 **디자인** Erin

주소 서울시 마포구 망원로 2길 19 2F
문의전화 070-8835-1021(편집) **주문전화** 02-394-1027(마케팅)
팩스 02-394-1023
이메일 bookaltus@hanmail.net

발행처 (주) 도서출판 알투스
출판신고 2011년 10월 19일 제25100-2011-300호

ⓒ 사사키 쓰네오, 2019
ISBN 979-11-86116-29-6 03320

이 도서의 국립중앙도서관 출판시 도서목록(CIP)은 서지정보유통지원시스템
(http://seoji.nl.go.kr)과 국가자료공동목록시스템(http://www.nl.go.kr/kolisnet)에서
이용하실 수 있습니다. (CIP제어번호: CIP2018043098)

※ 책에 사용한 이미지는 (주)토픽이미지에서 구입한 것입니다.
※ 책값은 뒤표지에 있습니다.
※ 잘못된 책은 구입하신 곳에서 바꾸어드립니다.